CANADA

A Consolidation of

THE
CONSTITUTION
ACTS
1867 to 1982

**DEPARTMENT OF JUSTICE
CANADA**

Consolidated as of January 1, 2001

Available through your local book seller or by mail from
Canadian Government Publishing
Public Works and Government Services Canada
Ottawa (Ontario)
KIA OS9

Telephone: (819) 956-4800
Fax: (819) 994-1498
Orders only: 1-800-635-7943
Internet: http://publications.pwgsc.gc.ca

Catalogue No.: YX1-1/2000
ISBN: 0-660-61565-7

FOREWORD

This consolidation contains the text of the *Constitution Act, 1867* (formerly the *British North America Act, 1867*), together with amendments made to it since its enactment, and the text of the *Constitution Act, 1982*, as amended since its enactment. The *Constitution Act, 1982* contains the *Canadian Charter of Rights and Freedoms* and other new provisions, including the procedure for amending the Constitution of Canada.

The *Constitution Act, 1982* also contains a Schedule of repeals of certain constitutional enactments and provides for the renaming of others. The *British North America Act, 1949*, for example, is renamed in the Schedule, the *Newfoundland Act*. The new names of these enactments are used in this consolidation, but their former names may be found in the Schedule.

The *Constitution Act, 1982*, was enacted as Schedule B to the *Canada Act 1982* (U.K.) 1982, c. 11. It is set out in this consolidation as a separate Act after the *Constitution Act, 1867*, and the *Canada Act 1982* is contained in the first footnote thereto.

The law embodied in the *Constitution Act, 1867* has been altered many times otherwise than by direct amendment, not only by the Parliament of the United Kingdom, but also by the Parliament of Canada and the legislatures of the provinces in those cases where provisions of that Act are expressed to be subject to alteration by Parliament or the legislatures. A consolidation of the Constitution Acts with only such subsequent enactments as directly alter the text of the Act would therefore not produce a true statement of the law. In preparing this consolidation an attempt has been made to reflect accurately the substance of the law contained in enactments modifying the provisions of the *Constitution Act, 1867*.

The various classes of enactments modifying the text of the *Constitution Act, 1867*, have been dealt with as follows:

I. Direct Amendments

1. *Repeals*

Repealed provisions (*e.g.* section 2) have been deleted from the text and quoted in a footnote.

2. *Amendments*

Amended provisions (*e.g.* section 4) are reproduced in the text in their amended form and the original provisions are quoted in a footnote.

3. *Additions*

Added provisions (*e.g.* section 51A) are included in the text.

4. *Substitutions*

Substituted provisions (*e.g.* section 18) are included in the text, and the former provision is quoted in a footnote.

II. Indirect Amendments

1. *Alterations by United Kingdom Parliament*

Provisions altered by the United Kingdom Parliament otherwise than by direct amendment (*e.g.* section 21) are included in the text in their altered form, and the original provision is quoted in a footnote.

2. *Additions by United Kingdom Parliament*

Constitutional provisions added otherwise than by the insertion of additional provisions in the *Constitution Act, 1867* (*e.g.* provisions of the *Constitution Act, 1871* authorizing Parliament to legislate for any territory not included in a province) are not incorporated in the text, but the additional provisions are quoted in an appropriate footnote.

3. *Alterations by Parliament of Canada*

Provisions subject to alteration by the Parliament of Canada (*e.g.* section 37) have been included in the text in their altered form, wherever possible, but where this was not feasible (*e.g.* section 40) the original section has been retained in the text and a footnote reference made to the Act of the Parliament of Canada effecting the alteration.

4. *Alterations by the Legislatures*

Provisions subject to alteration by legislatures of the provinces, either by virtue of specific authority (*e.g.* sections 83, 84) or by virtue of head 1 of section 92 (*e.g.* sections 70, 72), have been included in the text in their original form, but the footnotes refer to the provincial enactments effecting the alteration. Amendments to provincial enactments are not referred to; these may be readily found by consulting the indexes to provincial statutes. The enactments of the original provinces only are referred to; there are corresponding enactments by the provinces created at a later date.

III. Spent Provisions

Footnote references are made to those sections that are spent or are probably spent. For example, section 119 became spent by lapse of time and the footnote reference so indicates; on the other hand, section 140 is probably spent, but short of examining all statutes passed before Confederation there would be no way of ascertaining definitely whether or not the section is spent; the footnote reference therefore indicates the section as being probably spent.

The enactments of the United Kingdom Parliament or the Parliament of Canada, and Orders in Council admitting territories, referred to in the footnotes, may be found in Appendix II to the Revised Statutes of Canada, 1985, and in the annual volumes of the statutes of Canada.

The reader will notice inconsistencies in the capitalization of nouns. It was originally the practice to capitalize the first letter of all nouns in British statutes and the *Constitution Act, 1867*, was so written, but this practice was discontinued and was never followed in Canadian statutes. In the original provisions included in this consolidation nouns are written as they were enacted.

* * * * * * * * * *

This consolidation contains material prepared by the late Dr. E. A. Driedger, Q.C. The material has been updated where necessary but the Department gratefully acknowledges Dr. Driedger's earlier work.

THE CONSTITUTION ACT, 1867

30 & 31 Victoria, c. 3. (U.K.)

(Consolidated with amendments)

An Act for the Union of Canada, Nova Scotia, and New Brunswick, and the Government thereof; and for Purposes connected therewith

(29th March 1867.)

WHEREAS the Provinces of Canada, Nova Scotia, and New Brunswick have expressed their Desire to be federally united into One Dominion under the Crown of the United Kingdom of Great Britain and Ireland, with a Constitution similar in Principle to that of the United Kingdom:

And whereas such a Union would conduce to the Welfare of the Provinces and promote the Interests of the British Empire:

And whereas on the Establishment of the Union by Authority of Parliament it is expedient, not only that the Constitution of the Legislative Authority in the Dominion be provided for, but also that the Nature of the Executive Government therein be declared:

And whereas it is expedient that Provision be made for the eventual Admission into the Union of other Parts of British North America: (1)

I. PRELIMINARY

Short title

1. This Act may be cited as the *Constitution Act, 1867.* (2)

2. Repealed. (3)

---

(1) **The enacting clause was repealed by the** *Statute Law Revision Act, 1893,* **56-57 Vict., c. 14 (U.K.). It read as follows:**

Be it therefore enacted and declared by the Queen's most Excellent Majesty, by and with the Advice and Consent of the Lords Spiritual and Temporal, and Commons, in this present Parliament assembled, and by the Authority of the same, as follows:

(2) **As enacted by the** *Constitution Act, 1982,* **which came into force on April 17, 1982. The section, as originally enacted, read as follows:**

1. This Act may be cited as The British North America Act, 1867.

(3) **Section 2, repealed by the** *Statute Law Revision Act, 1893,* **56-57 Vict., c. 14 (U.K.), read as follows:**

2. The Provisions of this Act referring to Her Majesty the Queen extend also to the Heirs and Successors of Her Majesty, Kings and Queens of the United Kingdom of Great Britain and Ireland.

II. Union

Declaration of Union

3. It shall be lawful for the Queen, by and with the Advice of Her Majesty's Most Honourable Privy Council, to declare by Proclamation that, on and after a Day therein appointed, not being more than Six Months after the passing of this Act, the Provinces of Canada, Nova Scotia, and New Brunswick shall form and be One Dominion under the Name of Canada; and on and after that Day those Three Provinces shall form and be One Dominion under that Name accordingly. (4)

Construction of subsequent
Provisions of Act

4. Unless it is otherwise expressed or implied, the Name Canada shall be taken to mean Canada as constituted under this Act. (5)

Four Provinces

5. Canada shall be divided into Four Provinces, named Ontario, Quebec, Nova Scotia, and New Brunswick. (6)

---

(4) The first day of July, 1867, was fixed by proclamation dated May 22, 1867.

(5) Partially repealed by the *Statute Law Revision Act, 1893*, **56-57 Vict., c. 14 (U.K.). As originally enacted the section read as follows:**

> **4.** The subsequent Provisions of this Act shall, unless it is otherwise expressed or implied, commence and have effect on and after the Union, that is to say, on and after the Day appointed for the Union taking effect in the Queen's Proclamation; and in the same Provisions, unless it is otherwise expressed or implied, the Name Canada shall be taken to mean Canada as constituted under this Act.

(6) Canada now consists of ten provinces (Ontario, Quebec, Nova Scotia, New Brunswick, Manitoba, British Columbia, Prince Edward Island, Alberta, Saskatchewan and Newfoundland) and three territories (the Yukon Territory, the Northwest Territories and the territory of Nunavut).

The first territories added to the Union were Rupert's Land and the North-Western Territory, (subsequently designated the Northwest Territories), which were admitted pursuant to section 146 of the *Constitution Act, 1867* and the *Rupert's Land Act, 1868*, 31-32 Vict., c. 105 (U.K.), by the *Rupert's Land and North-Western Territory Order* of June 23, 1870, effective July 15, 1870. Prior to the admission of those territories the Parliament of Canada enacted *An Act for the temporary Government of Rupert's Land and the North-Western Territory when united with Canada* (32-33 Vict., c. 3), and the *Manitoba Act, 1870*, (33 Vict., c. 3), which provided for the formation of the Province of Manitoba.

British Columbia was admitted into the Union pursuant to section 146 of the *Constitution Act, 1867*, by the *British Columbia Terms of Union*, being Order in Council of May 16, 1871, effective July 20, 1871.

Prince Edward Island was admitted pursuant to section 146 of the *Constitution Act, 1867*, by the *Prince Edward Island Terms of Union*, being Order in Council of June 26, 1873, effective July 1, 1873.

Provinces of Ontario and Quebec

6. The Parts of the Province of Canada (as it exists at the passing of this Act) which formerly constituted respectively the Provinces of Upper Canada and Lower Canada shall be deemed to be severed, and shall form Two separate Provinces. The Part which formerly constituted the Province of Upper Canada shall constitute the Province of Ontario; and the Part which formerly constituted the Province of Lower Canada shall constitute the Province of Quebec.

Provinces of Nova Scotia and New
Brunswick

7. The Provinces of Nova Scotia and New Brunswick shall have the same Limits as at the passing of this Act.

Decennial Census

8. In the general Census of the Population of Canada which is hereby required to be taken in the Year One thousand eight hundred and seventy-one, and in every Tenth Year thereafter, the respective Populations of the Four Provinces shall be distinguished.

On June 29, 1871, the United Kingdom Parliament enacted the *Constitution Act, 1871* (34-35 Vict., c. 28) authorizing the creation of additional provinces out of territories not included in any province. Pursuant to this statute, the Parliament of Canada enacted the *Alberta Act*, (July 20, 1905, 4-5 Edw. VII c. 3) and the *Saskatchewan Act*, (July 20, 1905, 4-5 Edw. VII, c. 42), providing for the creation of the provinces of Alberta and Saskatchewan, respectively. Both these Acts came into force on Sept. 1, 1905.

Meanwhile, all remaining British possessions and territories in North America and the islands adjacent thereto, except the colony of Newfoundland and its dependencies, were admitted into the Canadian Confederation by the *Adjacent Territories Order*, dated July 31, 1880.

The Parliament of Canada added portions of the Northwest Territories to the adjoining provinces in 1912 by *The Ontario Boundaries Extension Act*, S.C. 1912, 2 Geo. V, c. 40, *The Quebec Boundaries Extension Act, 1912*, 2 Geo. V, c. 45 and *The Manitoba Boundaries Extension Act, 1912*, 2 Geo. V, c. 32, and further additions were made to Manitoba by *The Manitoba Boundaries Extension Act, 1930*, 20-21 Geo. V, c. 28.

The Yukon Territory was created out of the Northwest Territories in 1898 by *The Yukon Territory Act*, 61 Vict., c. 6, (Canada).

Newfoundland was added on March 31, 1949, by the *Newfoundland Act*, (U.K.), 12-13 Geo. VI, c. 22, which ratified the Terms of Union of Newfoundland with Canada.

Nunavut was created out of the Northwest Territories in 1999 by the *Nunavut Act*, S.C. 1993, c. 28.

III. Executive Power

Declaration of Executive Power in
the Queen

9. The Executive Government and Authority of and over Canada is hereby declared to continue and be vested in the Queen.

Application of Provisions referring
to Governor General

10. The Provisions of this Act referring to the Governor General extend and apply to the Governor General for the Time being of Canada, or other the Chief Executive Officer or Administrator for the Time being carrying on the Government of Canada on behalf and in the Name of the Queen, by whatever Title he is designated.

Constitution of Privy Council for
Canada

11. There shall be a Council to aid and advise in the Government of Canada, to be styled the Queen's Privy Council for Canada; and the Persons who are to be Members of that Council shall be from Time to Time chosen and summoned by the Governor General and sworn in as Privy Councillors, and Members thereof may be from Time to Time removed by the Governor General.

All Powers under Acts to be
exercised by Governor General with
Advice of Privy Council, or alone

12. All Powers, Authorities, and Functions which under any Act of the Parliament of Great Britain, or of the Parliament of the United Kingdom of Great Britain and Ireland, or of the Legislature of Upper Canada, Lower Canada, Canada, Nova Scotia, or New Brunswick, are at the Union vested in or exerciseable by the respective Governors or Lieutenant Governors of those Provinces, with the Advice, or with the Advice and Consent, of the respective Executive Councils thereof, or in conjunction with those Councils, or with any Number of Members thereof, or by those Governors or Lieutenant Governors individually, shall, as far as the same continue in existence and capable of being exercised after the Union in relation to the Government of Canada, be vested in and exerciseable by the Governor General, with the Advice or with the Advice and Consent of or in conjunction with the Queen's Privy Council for Canada, or any Members thereof, or by the Governor General individually, as the Case requires, subject nevertheless (except with respect to such as exist under Acts of the Parliament of Great Britain or of the Parliament of the United Kingdom of Great Britain and Ireland) to be abolished or altered by the Parliament of Canada. (7)

---

(7) See the note to section 129, *infra.*

Application of Provisions referring
to Governor General in Council

13. The Provisions of this Act referring to the Governor General in Council shall be construed as referring to the Governor General acting by and with the Advice of the Queen's Privy Council for Canada.

Power to Her Majesty to authorize
Governor General to appoint
Deputies

14. It shall be lawful for the Queen, if Her Majesty thinks fit, to authorize the Governor General from Time to Time to appoint any Person or any Persons jointly or severally to be his Deputy or Deputies within any Part or Parts of Canada, and in that Capacity to exercise during the Pleasure of the Governor General such of the Powers, Authorities, and Functions of the Governor General as the Governor General deems it necessary or expedient to assign to him or them, subject to any Limitations or Directions expressed or given by the Queen; but the Appointment of such a Deputy or Deputies shall not affect the Exercise by the Governor General himself of any Power, Authority, or Function.

Command of Armed Forces to
continue to be vested in the Queen

15. The Command-in-Chief of the Land and Naval Militia, and of all Naval and Military Forces, of and in Canada, is hereby declared to continue and be vested in the Queen.

Seat of Government of Canada

16. Until the Queen otherwise directs, the Seat of Government of Canada shall be Ottawa.

IV. LEGISLATIVE POWER

Constitution of Parliament of
Canada

17. There shall be One Parliament for Canada, consisting of the Queen, an Upper House styled the Senate, and the House of Commons.

Privileges, etc., of Houses

18. The privileges, immunities, and powers to be held, enjoyed, and exercised by the Senate and by the House of Commons, and by the members thereof respectively, shall be such as are from time to time defined by Act of the Parliament of Canada, but so that any Act of the Parliament of Canada defining such privileges, immunities, and powers shall not confer any privileges, immunities, or powers exceeding those at the passing of such Act held, enjoyed, and exercised by the Commons House of Parliament of the United Kingdom of Great Britain and Ireland, and by the members thereof. (8)

First Session of the Parliament of
Canada

19. The Parliament of Canada shall be called together not later than Six Months after the Union. (9)

20. Repealed. (10)

The Senate

Number of Senators

21. The Senate shall, subject to the Provisions of this Act, consist of One Hundred and five Members, who shall be styled Senators. (11)

---

(8) Repealed and re-enacted by the *Parliament of Canada Act, 1875,* **38-39 Vict., c. 38 (U.K.). The original section read as follows:**

> **18.** The Privileges, Immunities, and Powers to be held, enjoyed, and exercised by the Senate and by the House of Commons and by the Members thereof respectively shall be such as are from Time to Time defined by Act of the Parliament of Canada, but so that the same shall never exceed those at the passing of this Act held, enjoyed, and exercised by the Commons House of Parliament of the United Kingdom of Great Britain and Ireland and by the Members thereof.

(9) Spent. The first session of the first Parliament began on November 6, 1867.

(10) Section 20, repealed by the *Constitution Act, 1982,* **read as follows:**

> **20.** There shall be a Session of the Parliament of Canada once at least in every Year, so that Twelve Months shall not intervene between the last Sitting of the Parliament in one Session and its first sitting in the next Session.

Section 20 has been replaced by section 5 of the *Constitution Act, 1982,* **which provides that there shall be a sitting of Parliament at least once every twelve months.**

(11) As amended by the *Constitution Act, 1915,* **5-6 Geo. V, c. 45 (U.K.) and modified by the** *Newfoundland Act,* **12-13 Geo. VI, c. 22 (U.K.), the** *Constitution Act (No. 2), 1975,* **S.C. 1974-75-76, c. 53, and the** *Constitution Act, 1999 (Nunavut),* **S.C. 1998, c. 15, Part 2. The original section read as follows:**

> **21.** The Senate shall, subject to the Provisions of this Act, consist of Seventy-two Members, who shall be styled Senators.

The *Manitoba Act, 1870,* **added two for Manitoba; the** *British Columbia Terms of Union* **added three; upon admission of Prince Edward Island four more were provided by section 147 of the** *Constitution Act, 1867;* **the** *Alberta Act* **and the** *Saskatchewan Act* **each added four. The Senate was reconstituted at 96 by the** *Constitution Act, 1915.* **Six more Senators were added upon union with Newfoundland, and one Senator each was added for the Yukon Territory and the Northwest Territories by the** *Constitution Act (No. 2), 1975.* **One Senator was added for Nunavut by the** *Constitution Act, 1999 (Nunavut).*

Representation of Provinces in
Senate

22. In relation to the Constitution of the Senate Canada shall be deemed to consist of *Four* Divisions:

1. Ontario;

2. Quebec;

3. The Maritime Provinces, Nova Scotia and New Brunswick, and Prince Edward Island;

4. The Western Provinces of Manitoba, British Columbia, Saskatchewan, and Alberta;

which Four Divisions shall (subject to the Provisions of this Act) be equally represented in the Senate as follows: Ontario by twenty-four senators; Quebec by twenty-four senators; the Maritime Provinces and Prince Edward Island by twenty-four senators, ten thereof representing Nova Scotia, ten thereof representing New Brunswick, and four thereof representing Prince Edward Island; the Western Provinces by twenty-four senators, six thereof representing Manitoba, six thereof representing British Columbia, six thereof representing Saskatchewan, and six thereof representing Alberta; Newfoundland shall be entitled to be represented in the Senate by six members; the Yukon Territory and the Northwest Territories shall be entitled to be represented in the Senate by one member each.

In the Case of Quebec each of the Twenty-four Senators representing that Province shall be appointed for One of the Twenty-four Electoral Divisions of Lower Canada specified in Schedule A. to Chapter One of the Consolidated Statutes of Canada. (12)

Qualifications of Senator

23. The Qualifications of a Senator shall be as follows:

(1) He shall be of the full age of Thirty Years:

---

(12) As amended by the *Constitution Act, 1915*, 5-6 Geo. V, c. 45 (U.K.), the *Newfoundland Act*, 12-13 Geo. VI, c. 22 (U.K.), and the *Constitution Act (No. 2), 1975*, S.C. 1974-75-76, c. 53. The original section read as follows:

22. In relation to the Constitution of the Senate, Canada shall be deemed to consist of Three Divisions:

1. Ontario;

2. Quebec;

3. The Maritime Provinces, Nova Scotia and New Brunswick; which Three Divisions shall (subject to the Provisions of this Act) be equally represented in the Senate as follows: Ontario by Twenty-four Senators; Quebec by Twenty-four Senators; and the Maritime Provinces by Twenty-four Senators, Twelve thereof representing Nova Scotia, and Twelve thereof representing New Brunswick.

In the case of Quebec each of the Twenty-four Senators representing that Province shall be appointed for One of the Twenty-four Electoral Divisions of Lower Canada specified in Schedule A. to Chapter One of the Consolidated Statutes of Canada.

(2) He shall be either a natural-born Subject of the Queen, or a Subject of the Queen naturalized by an Act of the Parliament of Great Britain, or of the Parliament of the United Kingdom of Great Britain and Ireland, or of the Legislature of One of the Provinces of Upper Canada, Lower Canada, Canada, Nova Scotia, or New Brunswick, before the Union, or of the Parliament of Canada after the Union:

(3) He shall be legally or equitably seised as of Freehold for his own Use and Benefit of Lands or Tenements held in Free and Common Socage, or seised or possessed for his own Use and Benefit of Lands or Tenements held in Franc-alleu or in Roture, within the Province for which he is appointed, of the Value of Four thousand Dollars, over and above all Rents, Dues, Debts, Charges, Mortgages, and Incumbrances due or payable out of or charged on or affecting the same:

(4) His Real and Personal Property shall be together worth Four thousand Dollars over and above his Debts and Liabilities:

(5) He shall be resident in the Province for which he is appointed:

(6) In the Case of Quebec he shall have his Real Property Qualification in the Electoral Division for which he is appointed, or shall be resident in that Division. (13)

Summons of Senator

24. The Governor General shall from Time to Time, in the Queen's Name, by Instrument under the Great Seal of Canada, summon qualified Persons to the Senate; and, subject to the Provisions of this Act, every Person so summoned shall become and be a Member of the Senate and a Senator.

25. Repealed. (14)

---

(13) Section 44 of the *Constitution Act, 1999 (Nunavut)*, S.C. 1998, c. 15, Part 2, provided that, for the purposes of that Part, (which added one Senator for Nunavut) the word "Province" in section 23 of the *Constitution Act, 1867*, has the same meaning as is assigned to the word "province" by section 35 of the *Interpretation Act*, R.S.C. 1985, c. I-21, which provides that the term "province" means "a province of Canada, and includes the Yukon Territory, the Northwest Territories and Nunavut."

Section 2 of the *Constitution Act (No. 2), 1975*, S.C. 1974-75-76, c. 53 provided that for the purposes of that Act (which added one Senator each for the Yukon Territory and the Northwest Territories) the term "Province" in section 23 of the *Constitution Act, 1867*, has the same meaning as is assigned to the term "province" by section 28 of the *Interpretation Act*, R.S.C. 1970, c. I-23, which provides that the term "province" means "a province of Canada, and includes the Yukon Territory and the Northwest Territories."

(14) Repealed by the *Statute Law Revision Act, 1893*, 56-57 Vict., c. 14 (U.K.). The section read as follows:

Addition of Senators in certain
cases

26. If at any Time on the Recommendation of the Governor General the Queen thinks fit to direct that Four or Eight Members be added to the Senate, the Governor General may by Summons to Four or Eight qualified Persons (as the Case may be), representing equally the Four Divisions of Canada, add to the Senate accordingly. (15)

Reduction of Senate to normal
Number

27. In case of such Addition being at any Time made, the Governor General shall not summon any Person to the Senate, except on a further like Direction by the Queen on the like Recommendation, to represent one of the Four Divisions until such Division is represented by Twenty-four Senators and no more. (16)

Maximum Number of Senators

28. The Number of Senators shall not at any Time exceed One Hundred and thirteen. (17)

Tenure of Place in Senate

29. (1) Subject to subsection (2), a Senator shall, subject to the provisions of this Act, hold his place in the Senate for life.

---

25. Such Persons shall be first summoned to the Senate as the Queen by Warrant under Her Majesty's Royal Sign Manual thinks fit to approve, and their Names shall be inserted in the Queen's Proclamation of Union.

(15) As amended by the *Constitution Act, 1915*, 5-6 Geo. V, c. 45 (U.K.). The original section read as follows:

26. If at any Time on the Recommendation of the Governor General the Queen thinks fit to direct that Three or Six Members be added to the Senate, the Governor General may by Summons to Three or Six qualified Persons (as the Case may be), representing equally the Three Divisions of Canada, add to the Senate accordingly.

(16) As amended by the *Constitution Act, 1915*, 5-6 Geo. V, c. 45 (U.K.). The original section read as follows:

27. In case of such Addition being at any Time made the Governor General shall not summon any Person to the Senate except on a further like Direction by the Queen on the like Recommendation, until each of the Three Divisions of Canada is represented by Twenty-four Senators and no more.

(17) As amended by the *Constitution Act, 1915*, 5-6 Geo. V, c. 45 (U.K.), the *Constitution Act (No. 2), 1975*, S.C. 1974-75-76, c. 53, and the *Constitution Act, 1999 (Nunavut)*, S.C. 1998, c. 15, Part 2. The original section read as follows:

28. The Number of Senators shall not at any Time exceed Seventy-eight.

Retirement upon attaining age of
seventy-five years

(2) A Senator who is summoned to the Senate after the coming into force of this subsection shall, subject to this Act, hold his place in the Senate until he attains the age of seventy-five years. (18)

Resignation of Place in Senate

30. A Senator may by Writing under his Hand addressed to the Governor General resign his Place in the Senate, and thereupon the same shall be vacant.

Disqualification of Senators

31. The Place of a Senator shall become vacant in any of the following Cases:

(1) If for Two consecutive Sessions of the Parliament he fails to give his Attendance in the Senate:

(2) If he takes an Oath or makes a Declaration or Acknowledgment of Allegiance, Obedience, or Adherence to a Foreign Power, or does an Act whereby he becomes a Subject or Citizen, or entitled to the Rights or Privileges of a Subject or Citizen, of a Foreign Power:

(3) If he is adjudged Bankrupt or Insolvent, or applies for the Benefit of any Law relating to Insolvent Debtors, or becomes a public Defaulter:

(4) If he is attainted of Treason or convicted of Felony or of any infamous Crime:

(5) If he ceases to be qualified in respect of Property or of Residence; provided, that a Senator shall not be deemed to have ceased to be qualified in respect of Residence by reason only of his residing at the Seat of the Government of Canada while holding an Office under that Government requiring his Presence there.

Summons on Vacancy in Senate

32. When a Vacancy happens in the Senate by Resignation, Death, or otherwise, the Governor General shall by Summons to a fit and qualified Person fill the Vacancy.

Questions as to Qualifications and
Vacancies in Senate

33. If any Question arises respecting the Qualification of a Senator or a Vacancy in the Senate the same shall be heard and determined by the Senate.

---

(18) As enacted by the *Constitution Act, 1965*, S.C., 1965, c. 4, which came into force on June 1, 1965. The original section read as follows:

> **29.** A Senator shall, subject to the Provisions of this Act, hold his Place in the Senate for Life.

Appointment of Speaker of Senate

34. The Governor General may from Time to Time, by Instrument under the Great Seal of Canada, appoint a Senator to be Speaker of the Senate, and may remove him and appoint another in his Stead. (19)

Quorum of Senate

35. Until the Parliament of Canada otherwise provides, the Presence of at least Fifteen Senators, including the Speaker, shall be necessary to constitute a Meeting of the Senate for the Exercise of its Powers.

Voting in Senate

36. Questions arising in the Senate shall be decided by a Majority of Voices, and the Speaker shall in all Cases have a Vote, and when the Voices are equal the Decision shall be deemed to be in the Negative.

The House of Commons

Constitution of House of Commons
in Canada

37. The House of Commons shall, subject to the Provisions of this Act, consist of two hundred and ninety-five members of whom ninety-nine shall be elected for Ontario, seventy-five for Quebec, eleven for Nova Scotia, ten for New Brunswick, fourteen for Manitoba, thirty-two for British Columbia, four for Prince Edward Island, twenty-six for Alberta, fourteen for Saskatchewan, seven for Newfoundland, one for the Yukon Territory and two for the Northwest Territories. (20)

Summoning of House of Commons

38. The Governor General shall from Time to Time, in the Queen's Name, by Instrument under the Great Seal of Canada, summon and call together the House of Commons.

---

(19) Provision for exercising the functions of Speaker during his absence is made by Part II of the *Parliament of Canada Act*, R.S.C. 1985, c. P-1 (formerly the *Speaker of the Senate Act*, R.S.C. 1970, c. S-14). Doubts as to the power of Parliament to enact the *Speaker of the Senate Act* were removed by the *Canadian Speaker (Appointment of Deputy) Act, 1895*, 2nd Sess., 59 Vict., c. 3 (U.K.), which was repealed by the *Constitution Act, 1982.*

(20) The figures given here result from the application of section 51, as enacted by the *Constitution Act, 1985 (Representation)*, S.C., 1986, c. 8, Part I, and readjusted pursuant to the *Electoral Boundaries Readjustment Act*, R.S.C. 1985, c. E-3. The original section (which was altered from time to time as the result of the addition of new provinces and changes in population) read as follows:

> **37.** The House of Commons shall, subject to the Provisions of this Act, consist of one hundred and eighty-one members, of whom Eighty-two shall be elected for Ontario, Sixty-five for Quebec, Nineteen for Nova Scotia, and Fifteen for New Brunswick.

Senators not to sit in House of
Commons

39. A Senator shall not be capable of being elected or of sitting or voting as a Member of the House of Commons.

Electoral districts of the four
Provinces

40. Until the Parliament of Canada otherwise provides, Ontario, Quebec, Nova Scotia, and New Brunswick shall, for the Purposes of the Election of Members to serve in the House of Commons, be divided into Electoral Districts as follows:

1. ONTARIO

Ontario shall be divided into the Counties, Ridings of Counties, Cities, Parts of Cities, and Towns enumerated in the First Schedule to this Act, each whereof shall be an Electoral District, each such District as numbered in that Schedule being entitled to return One Member.

2. QUEBEC

Quebec shall be divided into Sixty-five Electoral Districts, composed of the Sixty-five Electoral Divisions into which Lower Canada is at the passing of this Act divided under Chapter Two of the Consolidated Statutes of Canada, Chapter Seventy-five of the Consolidated Statutes for Lower Canada, and the Act of the Province of Canada of the Twenty-third Year of the Queen, Chapter One, or any other Act amending the same in force at the Union, so that each such Electoral Division shall be for the Purposes of this Act an Electoral District entitled to return One Member.

3. NOVA SCOTIA

Each of the Eighteen Counties of Nova Scotia shall be an Electoral District. The County of Halifax shall be entitled to return Two Members, and each of the other Counties One Member.

4. NEW BRUNSWICK

Each of the Fourteen Counties into which New Brunswick is divided, including the City and County of St. John, shall be an Electoral District. The City of St. John shall also be a separate Electoral District. Each of those Fifteen Electoral Districts shall be entitled to return One Member. (21)

---

(21) Spent. The electoral districts are now established by Proclamations issued from time to time under the *Electoral Boundaries Readjustment Act*, **R.S.C. 1985, c. E-3**, as amended for particular districts by Acts of Parliament, for which see the most recent *Table of Public Statutes and Responsible Ministers.*

Continuance of existing Election
Laws until Parliament of Canada
otherwise provides

41. Until the Parliament of Canada otherwise provides, all Laws in force in the several Provinces at the Union relative to the following Matters or any of them, namely, — the Qualifications and Disqualifications of Persons to be elected or to sit or vote as Members of the House of Assembly or Legislative Assembly in the several Provinces, the Voters at Elections of such Members, the Oaths to be taken by Voters, the Returning Officers, their Powers and Duties, the Proceedings at Elections, the Periods during which Elections may be continued, the Trial of controverted Elections, and Proceedings incident thereto, the vacating of Seats of Members, and the Execution of new Writs in case of Seats vacated otherwise than by Dissolution, — shall respectively apply to Elections of Members to serve in the House of Commons for the same several Provinces.

Provided that, until the Parliament of Canada otherwise provides, at any Election for a Member of the House of Commons for the District of Algoma, in addition to Persons qualified by the Law of the Province of Canada to vote, every Male British Subject, aged Twenty-one Years or upwards, being a Householder, shall have a Vote. (22)

42. Repealed. (23)

43. Repealed. (24)

---

(22) Spent. Elections are now provided for by the *Canada Elections Act*, S.C. 2000, c. 9; qualifications and disqualifications of members by the *Parliament of Canada Act*, R.S.C. 1985, c. P-1. The right of citizens to vote and hold office is provided for in section 3 of the *Constitution Act, 1982*.

(23) Repealed by the *Statute Law Revision Act, 1893*, 56-57 Vict., c. 14 (U.K.). The section read as follows:

> **42.** For the First Election of Members to serve in the House of Commons the Governor General shall cause Writs to be issued by such Person, in such Form, and addressed to such Returning Officers as he thinks fit.
>
> The Person issuing Writs under this Section shall have the like Powers as are possessed at the Union by the Officers charged with the issuing of Writs for the Election of Members to serve in the respective House of Assembly or Legislative Assembly of the Province of Canada, Nova Scotia, or New Brunswick; and the Returning Officers to whom Writs are directed under this Section shall have the like Powers as are possessed at the Union by the Officers charged with the returning of Writs for the Election of Members to serve in the same respective House of Assembly or Legislative Assembly.

(24) Repealed by the *Statute Law Revision Act, 1893*, 56-57 Vict. c. 14 (U.K.). The section read as follows:

> **43.** In case a Vacancy in the Representation in the House of Commons of any Electoral District happens before the Meeting of the Parliament, or after the Meeting of the Parliament before Provision is made by the Parliament in this Behalf, the Provisions of the last foregoing Section of this Act shall extend and apply to the issuing and returning of a Writ in respect of such Vacant District.

type

As to Election of Speaker of House
of Commons

44. The House of Commons on its first assembling after a General Election shall proceed with all practicable Speed to elect One of its Members to be Speaker.

As to filling up Vacancy in Office
of Speaker

45. In case of a Vacancy happening in the Office of Speaker by Death, Resignation, or otherwise, the House of Commons shall with all practicable Speed proceed to elect another of its Members to be Speaker.

Speaker to preside

46. The Speaker shall preside at all Meetings of the House of Commons.

Provision in case of Absence of
Speaker

47. Until the Parliament of Canada otherwise provides, in case of the Absence for any Reason of the Speaker from the Chair of the House of Commons for a Period of Forty-eight consecutive Hours, the House may elect another of its Members to act as Speaker, and the Member so elected shall during the Continuance of such Absence of the Speaker have and execute all the Powers, Privileges, and Duties of Speaker. (25)

Quorum of House of Commons

48. The Presence of at least Twenty Members of the House of Commons shall be necessary to constitute a Meeting of the House for the Exercise of its Powers, and for that Purpose the Speaker shall be reckoned as a Member.

Voting in House of Commons

49. Questions arising in the House of Commons shall be decided by a Majority of Voices other than that of the Speaker, and when the Voices are equal, but not otherwise, the Speaker shall have a Vote.

Duration of House of Commons

50. Every House of Commons shall continue for Five Years from the Day of the Return of the Writs for choosing the House (subject to be sooner dissolved by the Governor General), and no longer. (26)

---

(25) Provision for exercising the functions of Speaker during his absence is now made by Part III of the *Parliament of Canada Act*, R.S.C. 1985, c. P-1.

(26) The term of the twelfth Parliament was extended by the *British North America Act, 1916*, 6-7 Geo. V. c. 19 (U.K.), which Act was repealed by the *Statute Law Revision Act, 1927*, 17-18 Geo. V, c. 42 (U.K.). See also subsection 4(1) of the *Constitution Act, 1982*, which provides that no House of Commons shall continue for longer than five years from the date fixed for the return of the writs at a

Readjustment of representation in
Commons

51. (1) The number of members of the House of Commons and the representation of the provinces therein shall, on the coming into force of this subsection and thereafter on the completion of each decennial census, be readjusted by such authority, in such manner, and from such time as the Parliament of Canada from time to time provides, subject and according to the following rules:

Rules

1. There shall be assigned to each of the provinces a number of members equal to the number obtained by dividing the total population of the provinces by two hundred and seventy-nine and by dividing the population of each province by the quotient so obtained, counting any remainder in excess of 0.50 as one after the said process of division.

2. If the total number of members that would be assigned to a province by the application of rule 1 is less than the total number assigned to that province on the date of coming into force of this subsection, there shall be added to the number of members so assigned such number of members as will result in the province having the same number of members as were assigned on that date. (27)

---

general election of its members, and subsection 4(2) thereof, which provides for continuation of the House of Commons in special circumstances.

(27) As enacted by the *Constitution Act, 1985 (Representation),* S.C. 1986, c. 8, Part I, which came into force on March 6, 1986 (See SI/86-49). The section, as originally enacted, read as follows:

51. On the Completion of the Census in the Year One Thousand eight hundred and seventy-one, and of each subsequent decennial Census, the Representation of the Four Provinces shall be readjusted by such Authority, in such Manner, and from such Time, as the Parliament of Canada from Time to Time provides, subject and according to the following Rules:

(1) Quebec shall have the fixed Number of Sixty-five Members:

(2) There shall be assigned to each of the other Provinces such a Number of Members as will bear the same Proportion to the Number of its Population (ascertained at such Census) as the Number Sixty-five bears to the Number of the Population of Quebec (so ascertained):

(3) In the Computation of the Number of Members for a Province a fractional Part not exceeding One Half of the whole Number requisite for entitling the Province to a Member shall be disregarded; but a fractional Part exceeding One Half of that Number shall be equivalent to the whole Number:

(4) On any such Re-adjustment the Number of Members for a Province shall not be reduced unless the Proportion which the Number of the Population of the Province bore to the Number of the aggregate Population of Canada at the then last preceding Re-adjustment of the Number of Members for the Province is ascertained at the then latest Census to be diminished by One Twentieth Part or upwards:

(5) Such Re-adjustment shall not take effect until the Termination of the then existing Parliament.

The section was amended by the *Statute Law Revision Act, 1893*, 56-57 Vict., c. 14 (U.K.) by repealing the words from "of the census" to "seventy-one and" and the word "subsequent".

By the *British North America Act, 1943*, 6-7 Geo. VI, c. 30 (U.K.), which Act was repealed by the *Constitution Act, 1982*, redistribution of seats following the 1941 census was postponed until the first session of Parliament after the war. The section was re-enacted by the *British North America Act, 1946*, 9-10 Geo. VI, c. 63 (U.K.), which Act was also repealed by the *Constitution Act, 1982*, to read as follows:

51. (1) The number of members of the House of Commons shall be two hundred and fifty-five and the representation of the provinces therein shall forthwith upon the coming into force of this section and thereafter on the completion of each decennial census be readjusted by such authority, in such manner, and from such time as the Parliament of Canada from time to time provides, subject and according to the following rules:

(1) Subject as hereinafter provided, there shall be assigned to each of the provinces a number of members computed by dividing the total population of the provinces by two hundred and fifty-four and by dividing the population of each province by the quotient so obtained, disregarding, except as hereinafter in this section provided, the remainder, if any, after the said process of division.

(2) If the total number of members assigned to all the provinces pursuant to rule one is less than two hundred and fifty-four, additional members shall be assigned to the provinces (one to a province) having remainders in the computation under rule one commencing with the province having the largest remainder and continuing with the other provinces in the order of the magnitude of their respective remainders until the total number of members assigned is two hundred and fifty-four.

(3) Notwithstanding anything in this section, if upon completion of a computation under rules one and two, the number of members to be assigned to a province is less than the number of senators representing the said province, rules one and two shall cease to apply in respect of the said province, and there shall be assigned to the said province a number of members equal to the said number of senators.

(4) In the event that rules one and two cease to apply in respect of a province then, for the purpose of computing the number of members to be assigned to the provinces in respect of which rules one and two continue to apply, the total population of the provinces shall be reduced by the number of the population of the province in respect of which rules one and two have ceased to apply and the number two hundred and fifty-four shall be reduced by the number of members assigned to such province pursuant to rule three.

(5) Such readjustment shall not take effect until the termination of the then existing Parliament.

(2) The Yukon Territory as constituted by Chapter forty-one of the Statutes of Canada, 1901, together with any Part of Canada not comprised within a province which may from time to time be included therein by the Parliament of Canada for the purposes of representation in Parliament, shall be entitled to one member.

The section was re-enacted by the *British North America Act, 1952*, S.C. 1952, c. 15, which Act was also repealed by the *Constitution Act, 1982*, as follows:

51. (1) Subject as hereinafter provided, the number of members of the House of Commons shall be two hundred and sixty-three and the representation of the provinces therein shall forthwith upon the coming into force of this section and thereafter on the completion of each decennial census be readjusted by such authority, in such manner, and from such time as the Parliament of Canada from time to time provides, subject and according to the following rules:

1. There shall be assigned to each of the provinces a number of members computed by dividing the total population of the provinces by two hundred and sixty-one and by dividing the population of each province by the quotient so obtained, disregarding, except as hereinafter in this section provided, the remainder, if any, after the said process of division.

2. If the total number of members assigned to all the provinces pursuant to rule one is less than two hundred and sixty-one, additional members shall be assigned to the provinces (one to a province) having remainders in the computation under rule one commencing with the province having the largest remainder and continuing with the other provinces in the order of the magnitude of their respective remainders until the total number of members assigned is two hundred and sixty-one.

3. Notwithstanding anything in this section, if upon completion of a computation under rules one and two the number of members to be assigned to a province is less than the number of senators representing the said province, rules one and two shall cease to apply in respect of the said province, and there shall be assigned to the said province a number of members equal to the said number of senators.

4. In the event that rules one and two cease to apply in respect of a province then, for the purposes of computing the number of members to be assigned to the provinces in respect of which rules one and two continue to apply, the total population of the provinces shall be reduced by the number of the population of the province in respect of which rules one and two have ceased to apply and the number two hundred and sixty-one shall be reduced by the number of members assigned to such province pursuant to rule three.

5. On any such readjustment the number of members for any province shall not be reduced by more than fifteen per cent below the representation to which such province was entitled under rules one to four of the subsection at the last preceding readjustment of the representation of that province, and there shall be no reduction in the representation of any province as a result of which that province would have a smaller number of members than any other province that according to the results of the then last decennial census did not have a larger population; but for the purposes of any subsequent readjustment of representation under this section any increase in the number of members of the House of Commons resulting from the application of this rule shall not be included in the divisor mentioned in rules one to four of this subsection.

6. Such readjustment shall not take effect until the termination of the then existing Parliament.

(2) The Yukon Territory as constituted by chapter forty-one of the statutes of Canada, 1901, shall be entitled to one member, and such other part of Canada not comprised within a province as may from time to time be defined by the Parliament of Canada shall be entitled to one member.

Subsection 51(1) was re-enacted by the *Constitution Act, 1974*, S.C. 1974-75-76, c. 13 to read as follows:

51. (1) The number of members of the House of Commons and the representation of the provinces therein shall upon the coming into force of this subsection and thereafter on the completion of each decennial census be readjusted by such authority, in such manner, and from such time as the Parliament of Canada from time to time provides, subject and according to the following Rules:

1. There shall be assigned to Quebec seventy-five members in the readjustment following the completion of the decennial census taken in the year 1971, and thereafter four additional members in each subsequent readjustment.

2. Subject to Rules 5(2) and (3), there shall be assigned to a large province a number of members equal to the number obtained by dividing the population of the large province by the electoral quotient of Quebec.

3. Subject to Rules 5(2) and (3), there shall be assigned to a small province a number of members equal to the number obtained by dividing

(*a*) the sum of the populations, determined according to the results of the penultimate decennial census, of the provinces (other than Quebec) having populations of less than one and a half million, determined according to the results of that census, by the sum of the numbers of members assigned to those provinces in the readjustment following the completion of that census; and

(*b*) the population of the small province by the quotient obtained under paragraph (*a*).

4. Subject to Rules 5(1)(*a*), (2) and (3), there shall be assigned to an intermediate province a number of members equal to the number obtained (*a*) by dividing the sum of the populations of the provinces (other than Quebec) having populations of less than one and a half million by the sum of the number of members assigned to those provinces under any of Rules 3, 5(1)(*b*), (2) and (3);

(*b*) by dividing the population of the intermediate province by the quotient obtained under paragraph (*a*); and

(*c*) by adding to the number of members assigned to the intermediate province in the readjustment following the completion of the penultimate decennial census one-half of the difference resulting from the subtraction of that number from the quotient obtained under paragraph (*b*).

5. (1) On any readjustment,

(*a*) if no province (other than Quebec) has a population of less than one and a half million, Rule 4 shall not be applied and, subject to Rules 5(2) and (3), there shall be assigned to an intermediate province a number of members equal to the number obtained by dividing

(i) the sum of the populations, determined according to the results of the penultimate decennial census, of the provinces, (other than Quebec) having populations of not less than one and a half million and not more than two and a half million, determined according to the results of that census, by the sum of the numbers of members assigned to those provinces in the readjustment following the completion of that census, and

(ii) the population of the intermediate province by the quotient obtained under subparagraph (i);

(*b*) if a province (other than Quebec) having a population of

(i) less than one and a half million, or

(ii) not less than one and a half million and not more than two and a half million

does not have a population greater than its population determined according to the results of the penultimate decennial census, it shall, subject to Rules 5(2) and (3), be assigned the number of members assigned to it in the readjustment following the completion of that census.

(2) On any readjustment,

(*a*) if, under any of Rules 2 to 5(1), the number of members to be assigned to a province (in this paragraph referred to as "the first province") is smaller than the number of members to be assigned to any other province not having a population greater than that of the first province, those Rules shall not be applied to the first province and it shall be assigned a number of members equal to the largest number of members to be assigned to any other province not having a population greater than that of the first province;

(*b*) if, under any of Rules 2 to 5(1)(*a*), the number of members to be assigned to a province is smaller than the number of members assigned to it in the readjustment following the completion of the penultimate decennial census, those Rules shall not be applied to it and it shall be assigned the latter number of members;

(*c*) if both paragraphs (*a*) and (*b*) apply to a province, it shall be assigned a number of members equal to the greater of the numbers produced under those paragraphs.

(3) On any readjustment,

(*a*) if the electoral quotient of a province (in this paragraph referred to as "the first province") obtained by dividing its population by the number of members to be assigned to it under any of Rules 2 to 5(2) is greater than the electoral quotient of Quebec, those Rules shall not be applied to the first province and it shall be assigned a number of members equal to the number obtained by dividing its population by the electoral quotient of Quebec;

(*b*) if, as a result of the application of Rule 6(2)(*a*), the number of members assigned to a province under paragraph (*a*) equals the number of members to be assigned to it under any of Rules 2 to 5(2), it shall be assigned that number of members and paragraph (*a*) shall cease to apply to that province.

6. (1) In these Rules,

Yukon Territory, Northwest
Territories and Nunavut

(2) The Yukon Territory as bounded and described in the schedule to chapter Y-2 of the Revised Statutes of Canada, 1985, shall be entitled to one member, the Northwest Territories as bounded and described in section 2 of chapter N-27 of the Revised Statutes of Canada, 1985, as amended by section 77 of chapter 28 of the Statutes of Canada, 1993, shall be entitled to one member, and Nunavut as bounded and described in section 3 of chapter 28 of the Statutes of Canada, 1993, shall be entitled to one member. (28)

Constitution of House of Commons

51A. Notwithstanding anything in this Act a province shall always be entitled to a number of members in the House of Commons not less than the number of senators representing such province. (29)

"electoral quotient" means, in respect of a province, the quotient obtained by dividing its population, determined according to the results of the then most recent decennial census, by the number of members to be assigned to it under any of Rules 1 to 5(3) in the readjustment following the completion of that census;

"intermediate province" means a province (other than Quebec) having a population greater than its population determined according to the results of the penultimate decennial census but not more than two and a half million and not less than one and a half million;

"large province" means a province (other than Quebec) having a population greater than two and a half million;

"penultimate decennial census" means the decennial census that preceded the then most recent decennial census;

"population" means, except where otherwise specified, the population determined according to the results of the then most recent decennial census;

"small province" means a province (other than Quebec) having a population greater than its population determined according to the results of the penultimate decennial census and less than one and a half million.

(2) For the purposes of these Rules,

(*a*) if any fraction less than one remains upon completion of the final calculation that produces the number of members to be assigned to a province, that number of members shall equal the number so produced disregarding the fraction;

(*b*) if more than one readjustment follows the completion of a decennial census, the most recent of those readjustments shall, upon taking effect, be deemed to be the only readjustment following the completion of that census;

(*c*) a readjustment shall not take effect until the termination of the then existing Parliament.

(28) As enacted by the *Constitution Act, 1999 (Nunavut)*, S.C. 1998, c. 15, Part 2. Subsection 51(2) was previously amended by the *Constitution Act (No. 1), 1975*, S.C. 1974-75-76, c. 28, and read as follows:

(2) The Yukon Territory as bounded and described in the schedule to chapter Y-2 of the Revised Statutes of Canada, 1970, shall be entitled to one member, and the Northwest Territories as bounded and described in section 2 of chapter N-22 of the Revised Statutes of Canada, 1970, shall be entitled to two members.

(29) As enacted by the *Constitution Act, 1915*, 5-6 Geo. V, c. 45 (U.K.).

Increase of Number of House of
Commons

52. The Number of Members of the House of Commons may be from Time to Time increased by the Parliament of Canada, provided the proportionate Representation of the Provinces prescribed by this Act is not thereby disturbed.

Money Votes; Royal Assent

Appropriation and Tax Bills

53. Bills for appropriating any Part of the Public Revenue, or for imposing any Tax or Impost, shall originate in the House of Commons.

Recommendation of Money Votes

54. It shall not be lawful for the House of Commons to adopt or pass any Vote, Resolution, Address, or Bill for the Appropriation of any Part of the Public Revenue, or of any Tax or Impost, to any Purpose that has not been first recommended to that House by Message of the Governor General in the Session in which such Vote, Resolution, Address, or Bill is proposed.

Royal Assent to Bills, etc.

55. Where a Bill passed by the Houses of the Parliament is presented to the Governor General for the Queen's Assent, he shall declare, according to his Discretion, but subject to the Provisions of this Act and to Her Majesty's Instructions, either that he assents thereto in the Queen's Name, or that he withholds the Queen's Assent, or that he reserves the Bill for the Signification of the Queen's Pleasure.

Disallowance by Order in Council
of Act assented to by Governor
General

56. Where the Governor General assents to a Bill in the Queen's Name, he shall by the first convenient Opportunity send an authentic Copy of the Act to One of Her Majesty's Principal Secretaries of State, and if the Queen in Council within Two Years after Receipt thereof by the Secretary of State thinks fit to disallow the Act, such Disallowance (with a Certificate of the Secretary of State of the Day on which the Act was received by him) being signified by the Governor General, by Speech or Message to each of the Houses of the Parliament or by Proclamation, shall annul the Act from and after the Day of such Signification.

Signification of Queen's Pleasure on
Bill reserved

57. A Bill reserved for the Signification of the Queen's Pleasure shall not have any Force unless and until, within Two Years from the Day on which it was presented to the Governor General for the Queen's Assent, the Governor General signifies, by Speech or Message to each of the Houses of the

Parliament or by Proclamation, that it has received the Assent of the Queen in Council.

An Entry of every such Speech, Message, or Proclamation shall be made in the Journal of each House, and a Duplicate thereof duly attested shall be delivered to the proper Officer to be kept among the Records of Canada.

V. PROVINCIAL CONSTITUTIONS

Executive Power

Appointment of Lieutenant
Governors of Provinces

58. For each Province there shall be an Officer, styled the Lieutenant Governor, appointed by the Governor General in Council by Instrument under the Great Seal of Canada.

Tenure of Office of Lieutenant
Governor

59. A Lieutenant Governor shall hold Office during the Pleasure of the Governor General; but any Lieutenant Governor appointed after the Commencement of the First Session of the Parliament of Canada shall not be removeable within Five Years from his Appointment, except for Cause assigned, which shall be communicated to him in Writing within One Month after the Order for his Removal is made, and shall be communicated by Message to the Senate and to the House of Commons within One Week thereafter if the Parliament is then sitting, and if not then within One Week after the Commencement of the next Session of the Parliament.

Salaries of Lieutenant Governors

60. The Salaries of the Lieutenant Governors shall be fixed and provided by the Parliament of Canada. (30)

Oaths, etc., of Lieutenant Governor

61. Every Lieutenant Governor shall, before assuming the Duties of his Office, make and subscribe before the Governor General or some Person authorized by him Oaths of Allegiance and Office similar to those taken by the Governor General.

Application of Provisions referring
to Lieutenant Governor

62. The Provisions of this Act referring to the Lieutenant Governor extend and apply to the Lieutenant Governor for the Time being of each Province, or other the Chief Executive Officer or Administrator for the Time being carrying on the Government of the Province, by whatever Title he is designated.

---

(30) Provided for by the *Salaries Act*, R.S.C. 1985, c. S-3.

Appointment of Executive Officers
for Ontario and Quebec

63. The Executive Council of Ontario and of Quebec shall be composed of such Persons as the Lieutenant Governor from Time to Time thinks fit, and in the first instance of the following Officers, namely, — the Attorney General, the Secretary and Registrar of the Province, the Treasurer of the Province, the Commissioner of Crown Lands, and the Commissioner of Agriculture and Public Works, with in Quebec the Speaker of the Legislative Council and the Solicitor General. (31)

Executive Government of Nova
Scotia and New Brunswick

64. The Constitution of the Executive Authority in each of the Provinces of Nova Scotia and New Brunswick shall, subject to the Provisions of this Act, continue as it exists at the Union until altered under the Authority of this Act. (32)

Powers to be exercised by
Lieutenant Governor of Ontario or
Quebec with Advice, or alone

65. All Powers, Authorities, and Functions which under any Act of the Parliament of Great Britain, or of the Parliament of the United Kingdom of Great Britain and Ireland, or of the Legislature of Upper Canada, Lower Canada, or Canada, were or are before or at the Union vested in or exerciseable by the respective Governors or Lieutenant Governors of those Provinces, with the Advice or with the Advice and Consent of the respective Executive Councils thereof, or in conjunction with those Councils, or with any Number of Members thereof, or by those Governors or Lieutenant Governors individually, shall, as far as the same are capable of being exercised after the Union in relation to the Government of Ontario and Quebec respectively, be vested in and shall or may be exercised by the Lieutenant Governor of Ontario and Quebec respectively, with the Advice or with the Advice and Consent of or in conjunction with the respective Executive Councils, or any Members thereof, or by the Lieutenant Governor individually, as the Case requires, subject nevertheless (except with respect to such as exist under Acts of the Parliament of Great Britain, or of the Parliament of the United Kingdom of Great Britain and Ireland,) to be abolished or altered by the respective Legislatures of Ontario and Quebec. (33)

---

(31) Now provided for in Ontario by the *Executive Council Act*, R.S.O. 1990, c. E.25, and in Quebec by the *Executive Power Act*, R.S.Q. 1977, c. E-18.

(32) A similar provision was included in each of the instruments admitting British Columbia, Prince Edward Island, and Newfoundland. The Executive Authorities for Manitoba, Alberta and Saskatchewan were established by the statutes creating those provinces. See the notes to section 5, *supra*.

(33) See the notes to section 129, *infra*.

Application of Provisions referring
to Lieutenant Governor in Council

66. The Provisions of this Act referring to the Lieutenant Governor in Council shall be construed as referring to the Lieutenant Governor of the Province acting by and with the Advice of the Executive Council thereof.

Administration in Absence, etc., of
Lieutenant Governor

67. The Governor General in Council may from Time to Time appoint an Administrator to execute the Office and Functions of Lieutenant Governor during his Absence, Illness, or other Inability.

Seats of Provincial Governments

68. Unless and until the Executive Government of any Province otherwise directs with respect to that Province, the Seats of Government of the Provinces shall be as follows, namely, — of Ontario, the City of Toronto; of Quebec, the City of Quebec; of Nova Scotia, the City of Halifax; and of New Brunswick, the City of Fredericton.

Legislative Power

1. ONTARIO

Legislature for Ontario

69. There shall be a Legislature for Ontario consisting of the Lieutenant Governor and of One House, styled the Legislative Assembly of Ontario.

Electoral districts

70. The Legislative Assembly of Ontario shall be composed of Eighty-two Members, to be elected to represent the Eighty-two Electoral Districts set forth in the First Schedule to this Act. (34)

2. QUEBEC

Legislature for Quebec

71. There shall be a Legislature for Quebec consisting of the Lieutenant Governor and of Two Houses, styled the Legislative Council of Quebec and the Legislative Assembly of Quebec. (35)

---

(34) Spent. Now covered by the *Representation Act*, R.S.O. 1990, c. R.26.

(35) The Act respecting the Legislative Council of Quebec, S.Q. 1968, c. 9, provided that the Legislature for Quebec shall consist of the Lieutenant Governor and the National Assembly of Quebec, and repealed the provisions of the *Legislature Act*, R.S.Q. 1964, c. 6, relating to the Legislative Council of Quebec. Now covered by the *Legislature Act*, R.S.Q. 1977, c. L-1. Sections 72 to 79 following are therefore completely spent.

Constitution of Legislative Council

72. The Legislative Council of Quebec shall be composed of Twenty-four Members, to be appointed by the Lieutenant Governor, in the Queen's Name, by Instrument under the Great Seal of Quebec, one being appointed to represent each of the Twenty-four Electoral Divisions of Lower Canada in this Act referred to, and each holding Office for the Term of his Life, unless the Legislature of Quebec otherwise provides under the Provisions of this Act.

Qualification of Legislative
Councillors

73. The Qualifications of the Legislative Councillors of Quebec shall be the same as those of the Senators for Quebec.

Resignation, Disqualification, etc.

74. The Place of a Legislative Councillor of Quebec shall become vacant in the Cases, *mutatis mutandis*, in which the Place of Senator becomes vacant.

Vacancies

75. When a Vacancy happens in the Legislative Council of Quebec by Resignation, Death, or otherwise, the Lieutenant Governor, in the Queen's Name, by Instrument under the Great Seal of Quebec, shall appoint a fit and qualified Person to fill the Vacancy.

Questions as to Vacancies, etc.

76. If any Question arises respecting the Qualification of a Legislative Councillor of Quebec, or a Vacancy in the Legislative Council of Quebec, the same shall be heard and determined by the Legislative Council.

Speaker of Legislative Council

77. The Lieutenant Governor may from Time to Time, by Instrument under the Great Seal of Quebec, appoint a Member of the Legislative Council of Quebec to be Speaker thereof, and may remove him and appoint another in his Stead.

Quorum of Legislative Council

78. Until the Legislature of Quebec otherwise provides, the Presence of at least Ten Members of the Legislative Council, including the Speaker, shall be necessary to constitute a Meeting for the Exercise of its Powers.

Voting in Legislative Council

79. Questions arising in the Legislative Council of Quebec shall be decided by a Majority of Voices, and the Speaker shall in all Cases have a Vote, and when the Voices are equal the Decision shall be deemed to be in the Negative.

80. The Legislative Assembly of Quebec shall be composed of Sixty-five Members, to be elected to represent the Sixty-five Electoral Divisions or Districts of Lower Canada in this Act referred to, subject to Alteration thereof by the Legislature of Quebec: Provided that it shall not be lawful to present to the Lieutenant Governor of Quebec for Assent any Bill for altering the Limits of any of the Electoral Divisions or Districts mentioned in the Second Schedule to this Act, unless the Second and Third Readings of such Bill have been passed in the Legislative Assembly with the Concurrence of the Majority of the Members representing all those Electoral Divisions or Districts, and the Assent shall not be given to such Bill unless an Address has been presented by the Legislative Assembly to the Lieutenant Governor stating that it has been so passed. (36)

3. ONTARIO AND QUEBEC

81. Repealed. (37)

82. The Lieutenant Governor of Ontario and of Quebec shall from Time to Time, in the Queen's Name, by Instrument under the Great Seal of the Province, summon and call together the Legislative Assembly of the Province.

83. Until the Legislature of Ontario or of Quebec otherwise provides, a Person accepting or holding in Ontario or in Quebec any Office, Commission, or Employment, permanent or temporary, at the Nomination of the Lieutenant Governor, to which an annual Salary, or any Fee, Allowance, Emolument, or Profit of any Kind or Amount whatever from the Province is attached, shall not be eligible as a Member of the Legislative Assembly of the respective Province, nor shall he sit or vote as such; but nothing in this Section shall make ineligible any Person being a Member of the Executive Council of the respective Province, or holding any of the following Offices, that is to say, the Offices of Attorney General, Secretary and Registrar of the Province, Treasurer of the Province, Commissioner of Crown Lands, and Commissioner of Agriculture and Public Works, and in Quebec Solicitor General, or shall

---

(36) **The Act respecting electoral districts, S.Q. 1970, c. 7, s. 1, provides that this section no longer has effect.**

(37) **Repealed by the *Statute Law Revision Act, 1893*, 56-57 Vict. c. 14 (U.K.). The section read as follows:**

> **81.** The Legislatures of Ontario and Quebec respectively shall be called together not later than Six Months after the Union.

disqualify him to sit or vote in the House for which he is elected, provided he is elected while holding such Office. (38)

Continuance of existing Election Laws

84. Until the legislatures of Ontario and Quebec respectively otherwise provide, all Laws which at the Union are in force in those Provinces respectively, relative to the following Matters, or any of them,— namely, the Qualifications and Disqualifications of Persons to be elected or to sit or vote as Members of the Assembly of Canada, the Qualifications or Disqualifications of Voters, the Oaths to be taken by Voters, the Returning Officers, their Powers and Duties, the Proceedings at Elections, the Periods during which such Elections may be continued, and the Trial of controverted Elections and the Proceedings incident thereto, the vacating of the Seats of Members and the issuing and execution of new Writs in case of Seats vacated otherwise than by Dissolution, — shall respectively apply to Elections of Members to serve in the respective Legislative Assemblies of Ontario and Quebec.

Provided that, until the Legislature of Ontario otherwise provides, at any Election for a Member of the Legislative Assembly of Ontario for the District of Algoma, in addition to Persons qualified by the Law of the Province of Canada to vote, every Male British Subject, aged Twenty-one Years or upwards, being a Householder, shall have a Vote. (39)

Duration of Legislative Assemblies

85. Every Legislative Assembly of Ontario and every Legislative Assembly of Quebec shall continue for Four Years from the Day of the Return of the Writs for choosing the same (subject nevertheless to either the Legislative Assembly of Ontario or the Legislative Assembly of Quebec being sooner dissolved by the Lieutenant Governor of the Province), and no longer. (40)

---

(38) Probably spent. The subject-matter of this section is now covered in Ontario by the *Legislative Assembly Act*, R.S.O. 1990, c. L.10, and in Quebec by the *National Assembly Act*, R.S.Q. c. A-23.1.

(39) Probably spent. The subject-matter of this section is now covered in Ontario by the *Election Act*, R.S.O. 1990, c. E.6, and the *Legislative Assembly Act*, R.S.O. 1990, c. L.10, in Quebec by the *Election Act*, R.S.Q. c. E-3.3 and the *National Assembly Act*, R.S.Q. c. A-23.1.

(40) The maximum duration of the Legislative Assemblies of Ontario and Quebec has been changed to five years. See the *Legislative Assembly Act*, R.S.O. 1990, c. L.10, and the *National Assembly Act*, R.S.Q. c. A-23.1, respectively. See also section 4 of the *Constitution Act, 1982*, which provides a maximum duration for a legislative assembly of five years but also authorizes continuation in special circumstances.

Yearly Session of Legislature

86. There shall be a Session of the Legislature of Ontario and of that of Quebec once at least in every Year, so that Twelve Months shall not intervene between the last Sitting of the Legislature in each Province in one Session and its first Sitting in the next Session. (41)

Speaker, Quorum, etc.

87. The following Provisions of this Act respecting the House of Commons of Canada shall extend and apply to the Legislative Assemblies of Ontario and Quebec, that is to say, — the Provisions relating to the Election of a Speaker originally and on Vacancies, the Duties of the Speaker, the Absence of the Speaker, the Quorum, and the Mode of voting, as if those Provisions were here re-enacted and made applicable in Terms to each such Legislative Assembly.

4. NOVA SCOTIA AND NEW BRUNSWICK

Constitutions of Legislatures of
Nova Scotia and New Brunswick

88. The Constitution of the Legislature of each of the Provinces of Nova Scotia and New Brunswick shall, subject to the Provisions of this Act, continue as it exists at the Union until altered under the Authority of this Act. (42)

---

(41) See also section 5 of the *Constitution Act, 1982*, which provides that there shall be a sitting of each legislature at least once every twelve months.

(42) Partially repealed by the *Statute Law Revision Act, 1893*, 56-57 Vict., c. 14 (U.K.), which deleted the following concluding words of the original enactment:

> and the House of Assembly of New Brunswick existing at the passing of this Act shall, unless sooner dissolved, continue for the Period for which it was elected.

A similar provision was included in each of the instruments admitting British Columbia, Prince Edward Island and Newfoundland. The Legislatures of Manitoba, Alberta and Saskatchewan were established by the statutes creating those provinces. See the footnotes to section 5, *supra*.

See also sections 3 to 5 of the *Constitution Act, 1982*, which prescribe democratic rights applicable to all provinces, and subitem 2(2) of the Schedule to that Act, which sets out the repeal of section 20 of the *Manitoba Act, 1870*. Section 20 of the *Manitoba Act, 1870*, has been replaced by section 5 of the *Constitution Act, 1982*.

Section 20 reads as follows:

> **20.** There shall be a Session of the Legislature once at least in every year, so that twelve months shall not intervene between the last sitting of the Legislature in one Session and its first sitting in the next Session.

5. ONTARIO, QUEBEC, AND NOVA SCOTIA

89. Repealed. (43)

6. THE FOUR PROVINCES

Application to Legislatures of
Provisions respecting Money Votes,
etc.

90. The following Provisions of this Act respecting the Parliament of Canada, namely, — the Provisions relating to Appropriation and Tax Bills, the Recommendation of Money Votes, the Assent to Bills, the Disallowance of Acts, and the Signification of Pleasure on Bills reserved,— shall extend and apply to the Legislatures of the several Provinces as if those Provisions were here re-enacted and made applicable in Terms to the respective Provinces and the Legislatures thereof, with the Substitution of the Lieutenant Governor of the Province for the Governor General, of the Governor General for the Queen and for a Secretary of State, of One Year for Two Years, and of the Province for Canada.

VI. DISTRIBUTION OF LEGISLATIVE POWERS

Powers of the Parliament

Legislative Authority of Parliament
of Canada

91. It shall be lawful for the Queen, by and with the Advice and Consent of the Senate and House of Commons, to make Laws for the Peace, Order, and good Government of Canada, in relation to all Matters not coming within the Classes of Subjects by this Act assigned exclusively to the Legislatures of the Provinces; and for greater Certainty, but not so as to restrict the Generality of the foregoing Terms of this Section, it is hereby declared that (notwithstanding anything in this Act) the exclusive Legislative Authority of the Parliament of Canada extends to all Matters coming within the Classes of Subjects next hereinafter enumerated; that is to say, —

1. Repealed. (44)

---

(43) Repealed by the *Statute Law Revision Act, 1893*, 56-57 Vict. c. 14 (U.K.). The section read as follows:

> 5.—Ontario, Quebec, and Nova Scotia.

> 89. Each of the Lieutenant Governors of Ontario, Quebec and Nova Scotia shall cause Writs to be issued for the First Election of Members of the Legislative Assembly thereof in such Form and by such Person as he thinks fit, and at such Time and addressed to such Returning Officer as the Governor General directs, and so that the First Election of Member of Assembly for any Electoral District or any Subdivision thereof shall be held at the same Time and at the same Places as the Election for a Member to serve in the House of Commons of Canada for that Electoral District.

(44) Class I was added by the *British North America (No. 2) Act, 1949*, 13 Geo. VI, c. 81 (U.K.). That Act and class I were repealed by the *Constitution Act, 1982*.

1A. The Public Debt and Property. (45)

2. The Regulation of Trade and Commerce.

2A. Unemployment insurance. (46)

3. The raising of Money by any Mode or System of Taxation.

4. The borrowing of Money on the Public Credit.

5. Postal Service.

6. The Census and Statistics.

7. Militia, Military and Naval Service, and Defence.

8. The fixing of and providing for the Salaries and Allowances of Civil and other Officers of the Government of Canada.

9. Beacons, Buoys, Lighthouses, and Sable Island.

10. Navigation and Shipping.

11. Quarantine and the Establishment and Maintenance of Marine Hospitals.

12. Sea Coast and Inland Fisheries.

13. Ferries between a Province and any British or Foreign Country or between Two Provinces.

14. Currency and Coinage.

15. Banking, Incorporation of Banks, and the Issue of Paper Money.

16. Savings Banks.

17. Weights and Measures.

18. Bills of Exchange and Promissory Notes.

19. Interest.

20. Legal Tender.

The matters referred to in class I are provided for in subsection 4(2) and Part V of the *Constitution Act, 1982*. As enacted, class I read as follows:

> 1. The amendment from time to time of the Constitution of Canada, except as regards matters coming within the classes of subjects by this Act assigned exclusively to the Legislatures of the provinces, or as regards rights or privileges by this or any other Constitutional Act granted or secured to the Legislature or the Government of a province, or to any class of persons with respect to schools or as regards the use of the English or the French language or as regards the requirements that there shall be a session of the Parliament of Canada at least once each year, and that no House of Commons shall continue for more than five years from the day of the return of the Writs for choosing the House: provided, however, that a House of Commons may in time of real or apprehended war, invasion or insurrection be continued by the Parliament of Canada if such continuation is not opposed by the votes of more than one-third of the members of such House.

(45) Re-numbered by the *British North America (No. 2) Act, 1949*.

(46) Added by the *Constitution Act, 1940*, 3-4 Geo. VI, c. 36 (U.K.).

21. Bankruptcy and Insolvency.

22. Patents of Invention and Discovery.

23. Copyrights.

24. Indians, and Lands reserved for the Indians.

25. Naturalization and Aliens.

26. Marriage and Divorce.

27. The Criminal Law, except the Constitution of Courts of Criminal Jurisdiction, but including the Procedure in Criminal Matters.

28. The Establishment, Maintenance, and Management of Penitentiaries.

29. Such Classes of Subjects as are expressly excepted in the Enumeration of the Classes of Subjects by this Act assigned exclusively to the Legislatures of the Provinces.

And any Matter coming within any of the Classes of Subjects enumerated in this Section shall not be deemed to come within the Class of Matters of a local or private Nature comprised in the Enumeration of the Classes of Subjects by this Act assigned exclusively to the Legislatures of the Provinces. (47)

---

(47) Legislative authority has been conferred on Parliament by other Acts as follows:

1. The *Constitution Act, 1871*, 34-35 Vict., c. 28 (U.K.).

2. The Parliament of Canada may from time to time establish new Provinces in any territories forming for the time being part of the Dominion of Canada, but not included in any Province thereof, and may, at the time of such establishment, make provision for the constitution and administration of any such Province, and for the passing of laws for the peace, order, and good government of such Province, and for its representation in the said Parliament.

3. The Parliament of Canada may from time to time, with the consent of the Legislature of any province of the said Dominion, increase, diminish, or otherwise alter the limits of such Province, upon such terms and conditions as may be agreed to by the said Legislature, and may, with the like consent, make provision respecting the effect and operation of any such increase or diminution or alteration of territory in relation to any Province affected thereby.

4. The Parliament of Canada may from time to time make provision for the administration, peace, order, and good government of any territory not for the time being included in any Province.

5. The following Acts passed by the said Parliament of Canada, and intituled respectively, — "An Act for the temporary government of Rupert's Land and the North Western Territory when united with Canada"; and "An Act to amend and continue the Act thirty-two and thirty-three Victoria, chapter three, and to establish and provide for the government of "the Province of Manitoba", shall be and be deemed to have been valid and effectual for all purposes whatsoever from the date at which they respectively received the assent, in the Queen's name, of the Governor General of the said Dominion of Canada.

6. Except as provided by the third section of this Act, it shall not be competent for the Parliament of Canada to alter the provisions of the last-mentioned Act of the said Parliament in so far as it relates to the Province of Manitoba, or of any other Act hereafter establishing new Provinces in the said Dominion, subject always to the right of the

Exclusive Powers of Provincial Legislatures

Subjects of exclusive Provincial
Legislation

92. In each Province the Legislature may exclusively make Laws in relation to Matters coming within the Classes of Subjects next hereinafter enumerated; that is to say,—

1. Repealed. (48)

2. Direct Taxation within the Province in order to the raising of a Revenue for Provincial Purposes.

3. The borrowing of Money on the sole Credit of the Province.

4. The Establishment and Tenure of Provincial Offices and the Appointment and Payment of Provincial Officers.

5. The Management and Sale of the Public Lands belonging to the Province and of the Timber and Wood thereon.

6. The Establishment, Maintenance, and Management of Public and Reformatory Prisons in and for the Province.

Legislature of the Province of Manitoba to alter from time to time the provisions of any law respecting the qualification of electors and members of the Legislative Assembly, and to make laws respecting elections in the said Province.

The *Rupert's Land Act, 1868*, 31-32 Vict., c. 105 (U.K.) (repealed by the *Statute Law Revision Act, 1893*, 56-57 Vict., c. 14 (U.K.)) had previously conferred similar authority in relation to Rupert's Land and the North Western Territory upon admission of those areas.

2. The *Constitution Act, 1886*, 49-50 Vict., c. 35, (U.K.).

1. The Parliament of Canada may from time to time make provision for the representation in the Senate and House of Commons of Canada, or in either of them, of any territories which for the time being form part of the Dominion of Canada, but are not included in any province thereof.

3. The *Statute of Westminster, 1931*, 22 Geo. V, c. 4 (U.K.).

3. It is hereby declared and enacted that the Parliament of a Dominion has full power to make laws having extra-territorial operation.

4. Under section 44 of the *Constitution Act, 1982*, Parliament has exclusive authority to amend the Constitution of Canada in relation to the executive government of Canada or the Senate and House of Commons. Sections 38, 41, 42, and 43 of that Act authorize the Senate and House of Commons to give their approval to certain other constitutional amendments by resolution.

(48) Class I was repealed by the *Constitution Act, 1982*. As enacted, it read as follows:

1. The Amendment from Time to Time, notwithstanding anything in this Act, of the Constitution of the Province, except as regards the Office of Lieutenant Governor.

Section 45 of the *Constitution Act, 1982* , now authorizes legislatures to make laws amending the constitution of the province. Sections 38, 41, 42, and 43 of that Act authorize legislative assemblies to give their approval by resolution to certain other amendments to the Constitution of Canada.

7. The Establishment, Maintenance, and Management of Hospitals, Asylums, Charities, and Eleemosynary Institutions in and for the Province, other than Marine Hospitals.

8. Municipal Institutions in the Province.

9. Shop, Saloon, Tavern, Auctioneer, and other Licences in order to the raising of a Revenue for Provincial, Local, or Municipal Purposes.

10. Local Works and Undertakings other than such as are of the following Classes:

   (*a*) Lines of Steam or other Ships, Railways, Canals, Telegraphs, and other Works and Undertakings connecting the Province with any other or others of the Provinces, or extending beyond the Limits of the Province:

   (*b*) Lines of Steam Ships between the Province and any British or Foreign Country:

   (*c*) Such Works as, although wholly situate within the Province, are before or after their Execution declared by the Parliament of Canada to be for the general Advantage of Canada or for the Advantage of Two or more of the Provinces.

11. The Incorporation of Companies with Provincial Objects.

12. The Solemnization of Marriage in the Province.

13. Property and Civil Rights in the Province.

14. The Administration of Justice in the Province, including the Constitution, Maintenance, and Organization of Provincial Courts, both of Civil and of Criminal Jurisdiction, and including Procedure in Civil Matters in those Courts.

15. The Imposition of Punishment by Fine, Penalty, or Imprisonment for enforcing any Law of the Province made in relation to any Matter coming within any of the Classes of Subjects enumerated in this Section.

16. Generally all Matters of a merely local or private Nature in the Province.

Non-Renewable Natural Resources,
Forestry Resources and Electrical Energy

Laws respecting non-renewable
natural resources, forestry resources
and electrical energy

92A. (1) In each province, the legislature may exclusively make laws in relation to

   (*a*) exploration for non-renewable natural resources in the province;

(*b*) development, conservation and management of non-renewable natural resources and forestry resources in the province, including laws in relation to the rate of primary production therefrom; and

(*c*) development, conservation and management of sites and facilities in the province for the generation and production of electrical energy.

Export from provinces of resources

(2) In each province, the legislature may make laws in relation to the export from the province to another part of Canada of the primary production from non-renewable natural resources and forestry resources in the province and the production from facilities in the province for the generation of electrical energy, but such laws may not authorize or provide for discrimination in prices or in supplies exported to another part of Canada.

Authority of Parliament

(3) Nothing in subsection (2) derogates from the authority of Parliament to enact laws in relation to the matters referred to in that subsection and, where such a law of Parliament and a law of a province conflict, the law of Parliament prevails to the extent of the conflict.

Taxation of resources

(4) In each province, the legislature may make laws in relation to the raising of money by any mode or system of taxation in respect of

(*a*) non-renewable natural resources and forestry resources in the province and the primary production therefrom, and

(*b*) sites and facilities in the province for the generation of electrical energy and the production therefrom,

whether or not such production is exported in whole or in part from the province, but such laws may not authorize or provide for taxation that differentiates between production exported to another part of Canada and production not exported from the province.

"Primary production"

(5) The expression "primary production" has the meaning assigned by the Sixth Schedule.

Existing powers or rights

(6) Nothing in subsections (1) to (5) derogates from any powers or rights that a legislature or government of a province had immediately before the coming into force of this section. (49)

---

(49) Added by the *Constitution Act, 1982*.

Education

93. In and for each Province the Legislature may exclusively make Laws in relation to Education, subject and according to the following Provisions:—

(1) Nothing in any such Law shall prejudicially affect any Right or Privilege with respect to Denominational Schools which any Class of Persons have by Law in the Province at the Union:

(2) All the Powers, Privileges, and Duties at the Union by Law conferred and imposed in Upper Canada on the Separate Schools and School Trustees of the Queen's Roman Catholic Subjects shall be and the same are hereby extended to the Dissentient Schools of the Queen's Protestant and Roman Catholic Subjects in Quebec:

(3) Where in any Province a System of Separate or Dissentient Schools exists by Law at the Union or is thereafter established by the Legislature of the Province, an Appeal shall lie to the Governor General in Council from any Act or Decision of any Provincial Authority affecting any Right or Privilege of the Protestant or Roman Catholic Minority of the Queen's Subjects in relation to Education:

(4) In case any such Provincial Law as from Time to Time seems to the Governor General in Council requisite for the due Execution of the Provisions of this Section is not made, or in case any Decision of the Governor General in Council on any Appeal under this Section is not duly executed by the proper Provincial Authority in that Behalf, then and in every such Case, and as far only as the Circumstances of each Case require, the Parliament of Canada may make remedial Laws for the due Execution of the Provisions of this Section and of any Decision of the Governor General in Council under this Section. (50)

---

(50) An alternative was provided for Manitoba by section 22 of the *Manitoba Act, 1870*, 33 Vict., c. 3 (Canada), (confirmed by the *Constitution Act, 1871*), which section reads as follows:

22. In and for the Province, the said Legislature may exclusively make Laws in relation to Education, subject and according to the following provisions:

(1) Nothing in any such Law shall prejudicially affect any right or privilege with respect to Denominational Schools which any class of persons have by Law or practice in the Province at the Union:

(2) An appeal shall lie to the Governor General in Council from any Act or decision of the Legislature of the Province, or of any Provincial Authority, affecting any right or privilege, of the Protestant or Roman Catholic minority of the Queen's subjects in relation to Education:

(3) In case any such Provincial Law, as from time to time seems to the Governor General in Council requisite for the due execution of the provisions of this section, is not made, or in case any decision of the Governor General in Council on any appeal under this section is not duly executed by the proper Provincial Authority in that behalf, then, and in every such case, and as far only as the circumstances of each case require, the Parliament of Canada may make remedial Laws for the due execution of the provisions of this section, and of any decision of the Governor General in Council under this section.

An alternative was provided for Alberta by section 17 of the *Alberta Act,* 4-5 Edw. VII, c. 3, 1905 (Canada), which section reads as follows:

17. Section 93 of the *Constitution Act, 1867,* shall apply to the said province, with the substitution for paragraph (1) of the said section 93 of the following paragraph:

(1) Nothing in any such law shall prejudicially affect any right or privilege with respect to separate schools which any class of persons have at the date of the passing of this Act, under the terms of chapters 29 and 30 of the Ordinances of the Northwest Territories, passed in the year 1901, or with respect to religious instruction in any public or separate school as provided for in the said ordinances.

2. In the appropriation by the Legislature or distribution by the Government of the province of any moneys for the support of schools organized and carried on in accordance with the said chapter 29 or any Act passed in amendment thereof, or in substitution therefor, there shall be no discrimination against schools of any class described in the said chapter 29.

3. Where the expression "by law" is employed in paragraph 3 of the said section 93, it shall be held to mean the law as set out in the said chapters 29 and 30, and where the expression "at the Union" is employed, in the said paragraph 3, it shall be held to mean the date at which this Act comes into force.

An alternative was provided for Saskatchewan by section 17 of the *Saskatchewan Act,* 4-5 Edw. VII, c. 42, 1905 (Canada), which section reads as follows:

17. Section 93 of the *Constitution Act, 1867,* shall apply to the said province, with the substitution for paragraph (1) of the said section 93, of the following paragraph:

(1) Nothing in any such law shall prejudicially affect any right or privilege with respect to separate schools which any class of persons have at the date of the passing of this Act, under the terms of chapters 29 and 30 of the Ordinances of the Northwest Territories, passed in the year 1901, or with respect to religious instruction in any public or separate school as provided for in the said ordinances.

2. In the appropriation by the Legislature or distribution by the Government of the province of any moneys for the support of schools organized and carried on in accordance with the said chapter 29, or any Act passed in amendment thereof or in substitution therefor, there shall be no discrimination against schools of any class described in the said chapter 29.

3. Where the expression "by law" is employed in paragraph (3) of the said section 93, it shall be held to mean the law as set out in the said chapters 29 and 30; and where the expression "at the Union" is employed in the said paragraph (3), it shall be held to mean the date at which this Act comes into force.

An alternative was provided for Newfoundland by Term 17 of the Terms of Union of Newfoundland with Canada (confirmed by the *Newfoundland Act,* 12-13 Geo. VI, c. 22 (U.K.)). Term 17 of the Terms of Union of Newfoundland with Canada, set out in the penultimate paragraph of this footnote, was amended by the *Constitution Amendment, 1998 (Newfoundland Act),* (see SI/98-25) and now reads as follows:

17. (1) In lieu of section ninety-three of the *Constitution Act, 1867,* this term shall apply in respect of the Province of Newfoundland.

(2) In and for the Province of Newfoundland, the Legislature shall have exclusive authority to make laws in relation to education, but shall provide for courses in religion that are not specific to a religious denomination.

(3) Religious observances shall be permitted in a school where requested by parents.

Prior to the *Constitution Amendment, 1998 (Newfoundland Act),* Term 17 of the Terms of Union of Newfoundland with Canada had been amended by the *Constitution Amendment, 1997 (Newfoundland Act),* (see SI/97-55) to read as follows:

17. In lieu of section ninety-three of the *Constitution Act, 1867,* the following shall apply in respect of the Province of Newfoundland:

In and for the Province of Newfoundland, the Legislature shall have exclusive authority to make laws in relation to education but

(*a*) except as provided in paragraphs (*b*) and (*c*), schools established, maintained and operated with public funds shall be denominational schools, and any class of persons having rights under this Term as it read on January 1, 1995 shall continue to have the right to provide for religious education, activities and observances for the children of that class in those schools, and the group of classes that formed one integrated school system by agreement in 1969 may exercise the same rights under this Term as a single class of persons;

(*b*) subject to provincial legislation that is uniformly applicable to all schools specifying conditions for the establishment or continued operation of schools,

(i) any class of persons referred to in paragraph (*a*) shall have the right to have a publicly funded denominational school established, maintained and operated especially for that class, and

(ii) the Legislature may approve the establishment, maintenance and operation of a publicly funded school, whether denominational or non-denominational;

(*c*) where a school is established, maintained and operated pursuant to subparagraph (*b*) (i), the class of persons referred to in that subparagraph shall continue to have the right to provide for religious education, activities and observances and to direct the teaching of aspects of curriculum affecting religious beliefs, student admission policy and the assignment and dismissal of teachers in that school;

(*d*) all schools referred to in paragraphs (*a*) and (*b*) shall receive their share of public funds in accordance with scales determined on a non-discriminatory basis from time to time by the Legislature; and

(*e*) if the classes of persons having rights under this Term so desire, they shall have the right to elect in total not less than two thirds of the members of a school board, and any class so desiring shall have the right to elect the portion of that total that is proportionate to the population of that class in the area under the board's jurisdiction.

Prior to the *Constitution Amendment, 1997 (Newfoundland Act),* Term 17 of the Terms of Union of Newfoundland with Canada had been amended by the *Constitution Amendment, 1987 (Newfoundland Act),* (see SI/88-11) to read as follows:

17. (1) In lieu of section ninety-three of the *Constitution Act, 1867*, the following term shall apply in respect of the Province of Newfoundland:

In and for the Province of Newfoundland the Legislature shall have exclusive authority to make laws in relation to education, but the Legislature will not have authority to make laws prejudicially affecting any right or privilege with respect to denominational schools, common (amalgamated) schools, or denominational colleges, that any class or classes of persons have by law in Newfoundland at the date of Union, and out of public funds of the Province of Newfoundland, provided for education,

(*a*) all such schools shall receive their share of such funds in accordance with scales determined on a non-discriminatory basis from time to time by the Legislature for all schools then being conducted under authority of the Legislature; and

(*b*) all such colleges shall receive their share of any grant from time to time voted for all colleges then being conducted under authority of the Legislature, such grant being distributed on a non-discriminatory basis.

(2) For the purposes of paragraph one of this Term, the Pentecostal Assemblies of Newfoundland have in Newfoundland all the same rights and privileges with respect to denominational schools and denominational colleges as any other class or classes of persons had by law in Newfoundland at the date of Union, and the words "all such schools" in paragraph (*a*) of paragraph one of this Term and the words "all such colleges" in paragraph (*b*) of paragraph one of this Term include, respectively, the schools and the colleges of the Pentecostal Assemblies of Newfoundland.

Quebec

93A. Paragraphs (1) to (4) of section 93 do not apply to Quebec. (51)

Uniformity of Laws in Ontario, Nova Scotia, and New Brunswick

Legislation for Uniformity of Laws
in Three Provinces

94. Notwithstanding anything in this Act, the Parliament of Canada may make Provision for the Uniformity of all or any of the Laws relative to Property and Civil Rights in Ontario, Nova Scotia, and New Brunswick, and of the Procedure of all or any of the Courts in those Three Provinces, and from and after the passing of any Act in that Behalf the Power of the Parliament of Canada to make Laws in relation to any Matter comprised in any such Act shall, notwithstanding anything in this Act, be unrestricted; but any Act of the Parliament of Canada making Provision for such Uniformity shall not have effect in any Province unless and until it is adopted and enacted as Law by the Legislature thereof.

Term 17 of the Terms of Union of Newfoundland with Canada (confirmed by the *Newfoundland Act*, 12-13 Geo. VI, c. 22 (U.K.)), which Term provided an alternative for Newfoundland, originally read as follows:

17. In lieu of section ninety-three of the *Constitution Act, 1867*, the following term shall apply in respect of the Province of Newfoundland:

In and for the Province of Newfoundland the Legislature shall have exclusive authority to make laws in relation to education, but the Legislature will not have authority to make laws prejudicially affecting any right or privilege with respect to denominational schools, common (amalgamated) schools, or denominational colleges, that any class or classes of persons have by law in Newfoundland at the date of Union, and out of public funds of the Province of Newfoundland, provided for education,

(*a*) all such schools shall receive their share of such funds in accordance with scales determined on a non-discriminatory basis from time to time by the Legislature for all schools then being conducted under authority of the Legislature; and

(*b*) all such colleges shall receive their share of any grant from time to time voted for all colleges then being conducted under authority of the Legislature, such grant being distributed on a non-discriminatory basis.

See also sections 23, 29, and 59 of the *Constitution Act, 1982*. Section 23 provides for new minority language educational rights and section 59 permits a delay in respect of the coming into force in Quebec of one aspect of those rights. Section 29 provides that nothing in the *Canadian Charter of Rights and Freedoms* abrogates or derogates from any rights or privileges guaranteed by or under the Constitution of Canada in respect of denominational, separate or dissentient schools.

(51) Added by the *Constitution Amendment, 1997 (Quebec)*. See SI/97-141.

Old Age Pensions

Legislation respecting old age
pensions and supplementary
benefits

94A. The Parliament of Canada may make laws in relation to old age pensions and supplementary benefits, including survivors' and disability benefits irrespective of age, but no such law shall affect the operation of any law present or future of a provincial legislature in relation to any such matter. (52)

Agriculture and Immigration

Concurrent Powers of Legislation
respecting Agriculture, etc.

95. In each Province the Legislature may make Laws in relation to Agriculture in the Province, and to Immigration into the Province; and it is hereby declared that the Parliament of Canada may from Time to Time make Laws in relation to Agriculture in all or any of the Provinces, and to Immigration into all or any of the Provinces; and any Law of the Legislature of a Province relative to Agriculture or to Immigration shall have effect in and for the Province as long and as far only as it is not repugnant to any Act of the Parliament of Canada.

VII. JUDICATURE

Appointment of Judges

96. The Governor General shall appoint the Judges of the Superior, District, and County Courts in each Province, except those of the Courts of Probate in Nova Scotia and New Brunswick.

Selection of Judges in Ontario, etc.

97. Until the Laws relative to Property and Civil Rights in Ontario, Nova Scotia, and New Brunswick, and the Procedure of the Courts in those Provinces, are made uniform, the Judges of the Courts of those Provinces appointed by the Governor General shall be selected from the respective Bars of those Provinces.

---

(52) Added by the *Constitution Act, 1964*, 12-13 Eliz. II, c. 73 (U.K.). As originally enacted by the *British North America Act, 1951*, 14-15 Geo. VI, c. 32 (U.K.), which was repealed by the *Constitution Act, 1982*, section 94A read as follows:

> **94A.** It is hereby declared that the Parliament of Canada may from time to time make laws in relation to old age pensions in Canada, but no law made by the Parliament of Canada in relation to old age pensions shall affect the operation of any law present or future of a Provincial Legislature in relation to old age pensions.

Selection of Judges in Quebec

98. The Judges of the Courts of Quebec shall be selected from the Bar of that Province.

Tenure of office of Judges

99. (1) Subject to subsection two of this section, the Judges of the Superior Courts shall hold office during good behaviour, but shall be removable by the Governor General on Address of the Senate and House of Commons.

Termination at age 75

(2) A Judge of a Superior Court, whether appointed before or after the coming into force of this section, shall cease to hold office upon attaining the age of seventy-five years, or upon the coming into force of this section if at that time he has already attained that age. (53)

Salaries, etc., of Judges

100. The Salaries, Allowances, and Pensions of the Judges of the Superior, District, and County Courts (except the Courts of Probate in Nova Scotia and New Brunswick), and of the Admiralty Courts in Cases where the Judges thereof are for the Time being paid by Salary, shall be fixed and provided by the Parliament of Canada. (54)

General Court of Appeal, etc.

101. The Parliament of Canada may, notwithstanding anything in this Act, from Time to Time provide for the Constitution, Maintenance, and Organization of a General Court of Appeal for Canada, and for the Establishment of any additional Courts for the better Administration of the Laws of Canada. (55)

VIII. REVENUES; DEBTS; ASSETS; TAXATION

Creation of Consolidated Revenue
Fund

102. All Duties and Revenues over which the respective Legislatures of Canada, Nova Scotia, and New Brunswick before and at the Union had and have Power of Appropriation, except such Portions thereof as are by this Act

---

(53) Repealed and re-enacted by the *Constitution Act, 1960,* 9 Eliz. II, c. 2 (U.K.), which came into force on March 1, 1961. The original section read as follows:

> **99.** The Judges of the Superior Courts shall hold Office during good Behaviour, but shall be removable by the Governor General on Address of the Senate and House of Commons.

(54) Now provided for in the *Judges Act,* R.S.C. 1985, c. J-1.

(55) See the *Supreme Court Act,* R.S.C. 1985, c. S-26, the *Federal Court Act,* R.S.C. 1985, c. F-7 and the *Tax Court of Canada Act,* R.S.C. 1985, c. T-2.

reserved to the respective Legislatures of the Provinces, or are raised by them in accordance with the special Powers conferred on them by this Act, shall form One Consolidated Revenue Fund, to be appropriated for the Public Service of Canada in the Manner and subject to the Charges in this Act provided.

Expenses of Collection, etc.

103. The Consolidated Revenue Fund of Canada shall be permanently charged with the Costs, Charges, and Expenses incident to the Collection, Management, and Receipt thereof, and the same shall form the First Charge thereon, subject to be reviewed and audited in such Manner as shall be ordered by the Governor General in Council until the Parliament otherwise provides.

Interest of Provincial Public Debts

104. The annual Interest of the Public Debts of the several Provinces of Canada, Nova Scotia, and New Brunswick at the Union shall form the Second Charge on the Consolidated Revenue Fund of Canada.

Salary of Governor General

105. Unless altered by the Parliament of Canada, the Salary of the Governor General shall be Ten thousand Pounds Sterling Money of the United Kingdom of Great Britain and Ireland, payable out of the Consolidated Revenue Fund of Canada, and the same shall form the Third Charge thereon. (56)

Appropriation from Time to Time

106. Subject to the several Payments by this Act charged on the Consolidated Revenue Fund of Canada, the same shall be appropriated by the Parliament of Canada for the Public Service.

Transfer of Stocks, etc.

107. All Stocks, Cash, Banker's Balances, and Securities for Money belonging to each Province at the Time of the Union, except as in this Act mentioned, shall be the Property of Canada, and shall be taken in Reduction of the Amount of the respective Debts of the Provinces at the Union.

Transfer of Property in Schedule

108. The Public Works and Property of each Province, enumerated in the Third Schedule to this Act, shall be the Property of Canada.

Property in Lands, Mines, etc.

109. All Lands, Mines, Minerals, and Royalties belonging to the several Provinces of Canada, Nova Scotia, and New Brunswick at the Union, and all Sums then due or payable for such Lands, Mines, Minerals, or Royalties, shall

---

(56) Now covered by the *Governor General's Act*, R.S.C. 1985, c. G-9.

belong to the several Provinces of Ontario, Quebec, Nova Scotia, and New Brunswick in which the same are situate or arise, subject to any Trusts existing in respect thereof, and to any Interest other than that of the Province in the same. (57)

Assets connected with Provincial
Debts

110. All Assets connected with such Portions of the Public Debt of each Province as are assumed by that Province shall belong to that Province.

Canada to be liable for Provincial
Debts

111. Canada shall be liable for the Debts and Liabilities of each Province existing at the Union.

Debts of Ontario and Quebec

112. Ontario and Quebec conjointly shall be liable to Canada for the Amount (if any) by which the Debt of the Province of Canada exceeds at the Union Sixty-two million five hundred thousand Dollars, and shall be charged with Interest at the Rate of Five per Centum per Annum thereon.

Assets of Ontario and Quebec

113. The Assets enumerated in the Fourth Schedule to this Act belonging at the Union to the Province of Canada shall be the Property of Ontario and Quebec conjointly.

Debt of Nova Scotia

114. Nova Scotia shall be liable to Canada for the Amount (if any) by which its Public Debt exceeds at the Union Eight million Dollars, and shall be charged with Interest at the Rate of Five per Centum per Annum thereon. (58)

---

(57) Manitoba, Alberta and Saskatchewan were placed in the same position as the original provinces by the *Constitution Act, 1930*, 20-21 Geo. V, c. 26 (U.K.).

These matters were dealt with in respect of British Columbia by the *British Columbia Terms of Union* and also in part by the *Constitution Act, 1930.*

Newfoundland was also placed in the same position by the *Newfoundland Act,* 12-13 Geo. V1, c. 22 (U.K.).

With respect to Prince Edward Island, see the Schedule to the *Prince Edward Island Terms of Union.*

(58) The obligations imposed by this section, sections 115 and 116, and similar obligations under the instruments creating or admitting other provinces, have been carried into legislation of the Parliament of Canada and are now to be found in the *Provincial Subsidies Act*, R.S.C. 1985, c. P-26.

Debt of New Brunswick

115. New Brunswick shall be liable to Canada for the Amount (if any) by which its Public Debt exceeds at the Union Seven million Dollars, and shall be charged with Interest at the Rate of Five per Centum per Annum thereon.

Payment of interest to Nova Scotia
and New Brunswick

116. In case the Public Debts of Nova Scotia and New Brunswick do not at the Union amount to Eight million and Seven million Dollars respectively, they shall respectively receive by half-yearly Payments in advance from the Government of Canada Interest at Five per Centum per Annum on the Difference between the actual Amounts of their respective Debts and such stipulated Amounts.

Provincial Public Property

117. The several Provinces shall retain all their respective Public Property not otherwise disposed of in this Act, subject to the Right of Canada to assume any Lands or Public Property required for Fortifications or for the Defence of the Country.

118. Repealed. (59)

---

(59) Repealed by the *Statute Law Revision Act, 1950*, 14 Geo. VI, c. 6 (U.K.). As originally enacted the section read as follows:

118. The following Sums shall be paid yearly by Canada to the several Provinces for the Support of their Governments and Legislatures:

	Dollars.
Ontario	Eighty thousand.
Quebec	Seventy thousand.
Nova Scotia	Sixty thousand.
New Brunswick	Fifty thousand.

Two hundred and sixty thousand;

and an annual Grant in aid of each Province shall be made, equal to Eighty Cents per Head of the Population as ascertained by the Census of One thousand eight hundred and sixty-one, and in the Case of Nova Scotia and New Brunswick, by each subsequent Decennial Census until the Population of each of those two Provinces amounts to Four hundred thousand Souls, at which Rate such Grant shall thereafter remain. Such Grants shall be in full Settlement of all future Demands on Canada, and shall be paid half-yearly in advance to each Province; but the Government of Canada shall deduct from such Grants, as against any Province, all Sums chargeable as Interest on the Public Debt of that Province in excess of the several Amounts stipulated in this Act.

The section was made obsolete by the *Constitution Act, 1907*, 7 Edw. VII, c. 11 (U.K.) which provided:

1. (1) The following grants shall be made yearly by Canada to every province, which at the commencement of this Act is a province of the Dominion, for its local purposes and the support of its Government and Legislature:

(*a*) A fixed grant

where the population of the province is under one hundred and fifty thousand, of one hundred thousand dollars;

where the population of the province is one hundred and fifty thousand, but does not exceed two hundred thousand, of one hundred and fifty thousand dollars;

where the population of the province is two hundred thousand, but does not exceed four hundred thousand, of one hundred and eighty thousand dollars;

where the population of the province is four hundred thousand, but does not exceed eight hundred thousand, of one hundred and ninety thousand dollars;

where the population of the province is eight hundred thousand, but does not exceed one million five hundred thousand, of two hundred and twenty thousand dollars;

where the population of the province exceeds one million five hundred thousand, of two hundred and forty thousand dollars; and

(*b*) Subject to the special provisions of this Act as to the provinces of British Columbia and Prince Edward Island, a grant at the rate of eighty cents per head of the population of the province up to the number of two million five hundred thousand, and at the rate of sixty cents per head of so much of the population as exceeds that number.

(2) An additional grant of one hundred thousand dollars shall be made yearly to the province of British Columbia for a period of ten years from the commencement of this Act.

(3) The population of a province shall be ascertained from time to time in the case of the provinces of Manitoba, Saskatchewan, and Alberta respectively by the last quinquennial census or statutory estimate of population made under the Acts establishing those provinces or any other Act of the Parliament of Canada making provision for the purpose, and in the case of any other province by the last decennial census for the time being.

Further Grant to New Brunswick

119. New Brunswick shall receive by half-yearly Payments in advance from Canada for the Period of Ten Years from the Union an additional Allowance of Sixty-three thousand Dollars per Annum; but as long as the Public Debt of that Province remains under Seven million Dollars, a Deduction equal to the Interest at Five per Centum per Annum on such Deficiency shall be made from that Allowance of Sixty-three thousand Dollars. (60)

Forms of Payments

120. All Payments to be made under this Act, or in discharge of Liabilities created under any Act of the Provinces of Canada, Nova Scotia, and New Brunswick respectively, and assumed by Canada, shall, until the Parliament of Canada otherwise directs, be made in such Form and Manner as may from Time to Time be ordered by the Governor General in Council.

Canadian Manufactures, etc.

121. All Articles of the Growth, Produce, or Manufacture of any one of the Provinces shall, from and after the Union, be admitted free into each of the other Provinces.

---

(4) The grants payable under this Act shall be paid half-yearly in advance to each province.

(5) The grants payable under this Act shall be substituted for the grants or subsidies (in this Act referred to as existing grants) payable for the like purposes at the commencement of this Act to the several provinces of the Dominion under the provisions of section one hundred and eighteen of the *Constitution Act, 1867*, or of any Order in Council establishing a province, or of any Act of the Parliament of Canada containing directions for the payment of any such grant or subsidy, and those provisions shall cease to have effect.

(6) The Government of Canada shall have the same power of deducting sums charged against a province on account of the interest on public debt in the case of the grant payable under this Act to the province as they have in the case of the existing grant.

(7) Nothing in this Act shall affect the obligation of the Government of Canada to pay to any province any grant which is payable to that province, other than the existing grant for which the grant under this Act is substituted.

(8) In the case of the provinces of British Columbia and Prince Edward Island, the amount paid on account of the grant payable per head of the population to the provinces under this Act shall not at any time be less than the amount of the corresponding grant payable at the commencement of this Act, and if it is found on any decennial census that the population of the province has decreased since the last decennial census, the amount paid on account of the grant shall not be decreased below the amount then payable, notwithstanding the decrease of the population.

See the *Provincial Subsidies Act*, R.S.C. 1985, c. P-26 and the *Federal-Provincial Fiscal Arrangements Act*, R.S.C. 1985, c. F-8.

See also Part III of the *Constitution Act, 1982*, which sets out commitments by Parliament and the provincial legislatures respecting equal opportunities, economic development and the provision of essential public services and a commitment by Parliament and the government of Canada to the principle of making equalization payments.

(60) Spent.

Continuance of Customs and Excise
Laws

122. The Customs and Excise Laws of each Province shall, subject to the Provisions of this Act, continue in force until altered by the Parliament of Canada. (61)

Exportation and Importation as
between Two Provinces

123. Where Customs Duties are, at the Union, leviable on any Goods, Wares, or Merchandises in any Two Provinces, those Goods, Wares, and Merchandises may, from and after the Union, be imported from one of those Provinces into the other of them on Proof of Payment of the Customs Duty leviable thereon in the Province of Exportation, and on Payment of such further Amount (if any) of Customs Duty as is leviable thereon in the Province of Importation. (62)

Lumber Dues in New Brunswick

124. Nothing in this Act shall affect the Right of New Brunswick to levy the Lumber Dues provided in Chapter Fifteen of Title Three of the Revised Statutes of New Brunswick, or in any Act amending that Act before or after the Union, and not increasing the Amount of such Dues; but the Lumber of any of the Provinces other than New Brunswick shall not be subject to such Dues. (63)

Exemption of Public Lands, etc.

125. No Lands or Property belonging to Canada or any Province shall be liable to Taxation.

Provincial Consolidated Revenue
Fund

126. Such Portions of the Duties and Revenues over which the respective Legislatures of Canada, Nova Scotia, and New Brunswick had before the Union Power of Appropriation as are by this Act reserved to the respective Governments or Legislatures of the Provinces, and all Duties and Revenues raised by them in accordance with the special Powers conferred upon them by this Act, shall in each Province form One Consolidated Revenue Fund to be appropriated for the Public Service of the Province.

---

(61) Spent. Now covered by the *Customs Act*, R.S.C. 1985, c. 1 (2nd Supp.), the *Customs Tariff*, S.C. 1997, c. 36, the *Excise Act*, R.S.C. 1985, c. E-14 and the *Excise Tax Act*, R.S.C. 1985, c. E-15.

(62) Spent.

(63) These dues were repealed in 1873 by 36 Vict., c. 16 (N.B.). And see *An Act respecting the Export Duties imposed on Lumber*, etc. (1873) 36 Vict., c. 41 (Canada), and section 2 of the *Provincial Subsidies Act*, R.S.C. 1985, c. P-26.

IX. MISCELLANEOUS PROVISIONS

General

127. Repealed. (64)

Oath of Allegiance, etc.

128. Every Member of the Senate or House of Commons of Canada shall before taking his Seat therein take and subscribe before the Governor General or some Person authorized by him, and every Member of a Legislative Council or Legislative Assembly of any Province shall before taking his Seat therein take and subscribe before the Lieutenant Governor of the Province or some Person authorized by him, the Oath of Allegiance contained in the Fifth Schedule to this Act; and every Member of the Senate of Canada and every Member of the Legislative Council of Quebec shall also, before taking his Seat therein, take and subscribe before the Governor General, or some Person authorized by him, the Declaration of Qualification contained in the same Schedule.

Continuance of existing Laws,
Courts, Officers, etc.

129. Except as otherwise provided by this Act, all Laws in force in Canada, Nova Scotia, or New Brunswick at the Union, and all Courts of Civil and Criminal Jurisdiction, and all legal Commissions, Powers, and Authorities, and all Officers, Judicial, Administrative, and Ministerial, existing therein at the Union, shall continue in Ontario, Quebec, Nova Scotia, and New Brunswick respectively, as if the Union had not been made; subject nevertheless (except with respect to such as are enacted by or exist under Acts of the Parliament of Great Britain or of the Parliament of the United Kingdom of Great Britain and Ireland), to be repealed, abolished, or altered by the Parliament of Canada, or by the Legislature of the respective Province, according to the Authority of the Parliament or of that Legislature under this Act. (65)

---

(64) Repealed by the *Statute Law Revision Act, 1893*, 56-57 Vict., c. 14 (U.K.). The section read as follows:

> **127.** If any Person being at the passing of this Act a Member of the Legislative Council of Canada, Nova Scotia, or New Brunswick, to whom a Place in the Senate is offered, does not within Thirty Days thereafter, by Writing under his Hand addressed to the Governor General of the Province of Canada or to the Lieutenant Governor of Nova Scotia or New Brunswick (as the Case may be), accept the same, he shall be deemed to have declined the same; and any Person who, being at the passing of this Act a Member of the Legislative Council of Nova Scotia or New Brunswick, accepts a Place in the Senate shall thereby vacate his Seat in such Legislative Council.

(65) The restriction against altering or repealing laws enacted by or existing under statutes of the United Kingdom was removed by the *Statute of Westminster, 1931*, 22 Geo, V. c. 4 (U.K.) except in respect of certain constitutional documents. Comprehensive procedures for amending enactments forming part of the Constitution of Canada were provided by Part V of the *Constitution Act, 1982*, (U.K.) 1982, c. 11.

Transfer of Officers to Canada

130. Until the Parliament of Canada otherwise provides, all Officers of the several Provinces having Duties to discharge in relation to Matters other than those coming within the Classes of Subjects by this Act assigned exclusively to the Legislatures of the Provinces shall be Officers of Canada, and shall continue to discharge the Duties of their respective Offices under the same Liabilities, Responsibilities, and Penalties as if the Union had not been made. (66)

Appointment of new Officers

131. Until the Parliament of Canada otherwise provides, the Governor General in Council may from Time to Time appoint such Officers as the Governor General in Council deems necessary or proper for the effectual Execution of this Act.

Treaty Obligations

132. The Parliament and Government of Canada shall have all Powers necessary or proper for performing the Obligations of Canada or of any Province thereof, as Part of the British Empire, towards Foreign Countries, arising under Treaties between the Empire and such Foreign Countries.

Use of English and French
Languages

133. Either the English or the French Language may be used by any Person in the Debates of the Houses of the Parliament of Canada and of the Houses of the Legislature of Quebec; and both those Languages shall be used in the respective Records and Journals of those Houses; and either of those Languages may be used by any Person or in any Pleading or Process in or issuing from any Court of Canada established under this Act, and in or from all or any of the Courts of Quebec.

The Acts of the Parliament of Canada and of the Legislature of Quebec shall be printed and published in both those Languages. (67)

---

(66) Spent.

(67) A similar provision was enacted for Manitoba by section 23 of the *Manitoba Act, 1870,* **33 Vict., c. 3 (Canada), (confirmed by the** *Constitution Act, 1871***). Section 23 read as follows:**

> **23.** Either the English or the French language may be used by any person in the debates of the Houses of the Legislature, and both these languages shall be used in the respective Records and Journals of those Houses; and either of those languages may be used by any person, or in any Pleading or Process, in or issuing from any Court of Canada established under the British North America Act, 1867, or in or from all or any of the Courts of the Province. The Acts of the Legislature shall be printed and published in both those languages.

Sections 17 to 19 of the *Constitution Act, 1982,* **restate the language rights set out in section 133 in respect of Parliament and the courts established under the** *Constitution Act, 1867,* **and also guarantees those rights in respect of the legislature of New Brunswick and the courts of that province.**

Ontario and Quebec

Appointment of Executive Officers
for Ontario and Quebec

134. Until the Legislature of Ontario or of Quebec otherwise provides, the Lieutenant Governors of Ontario and Quebec may each appoint under the Great Seal of the Province the following Officers, to hold Office during Pleasure, that is to say, — the Attorney General, the Secretary and Registrar of the Province, the Treasurer of the Province, the Commissioner of Crown Lands, and the Commissioner of Agriculture and Public Works, and in the Case of Quebec the Solicitor General, and may, by Order of the Lieutenant Governor in Council, from Time to Time prescribe the Duties of those Officers, and of the several Departments over which they shall preside or to which they shall belong, and of the Officers and Clerks thereof, and may also appoint other and additional Officers to hold Office during Pleasure, and may from Time to Time prescribe the Duties of those Officers, and of the several Departments over which they shall preside or to which they shall belong, and of the Officers and Clerks thereof. (68)

Powers, Duties, etc. of Executive
Officers

135. Until the Legislature of Ontario or Quebec otherwise provides, all Rights, Powers, Duties, Functions, Responsibilities, or Authorities at the passing of this Act vested in or imposed on the Attorney General, Solicitor General, Secretary and Registrar of the Province of Canada, Minister of Finance, Commissioner of Crown Lands, Commissioner of Public Works, and Minister of Agriculture and Receiver General, by any Law, Statute, or Ordinance of Upper Canada, Lower Canada, or Canada, and not repugnant to this Act, shall be vested in or imposed on any Officer to be appointed by the Lieutenant Governor for the Discharge of the same or any of them; and the Commissioner of Agriculture and Public Works shall perform the Duties and Functions of the Office of Minister of Agriculture at the passing of this Act imposed by the Law of the Province of Canada, as well as those of the Commissioner of Public Works. (69)

Great Seals

136. Until altered by the Lieutenant Governor in Council, the Great Seals of Ontario and Quebec respectively shall be the same, or of the same Design,

---

Section 16 and sections 20, 21 and 23 of the *Constitution Act, 1982* recognize additional language rights in respect of the English and French languages. Section 22 preserves language rights and privileges of languages other than English and French.

(68) Spent. Now covered in Ontario by the *Executive Council Act*, R.S.O. 1990, c. E.25 and in Quebec by the *Executive Power Act*, R.S.Q. 1977, c. E-18.

(69) Probably spent.

as those used in the Provinces of Upper Canada and Lower Canada respectively before their Union as the Province of Canada.

Construction of temporary Acts

137. The words "and from thence to the End of the then next ensuing Session of the Legislature," or Words to the same Effect, used in any temporary Act of the Province of Canada not expired before the Union, shall be construed to extend and apply to the next Session of the Parliament of Canada if the Subject Matter of the Act is within the Powers of the same as defined by this Act, or to the next Sessions of the Legislatures of Ontario and Quebec respectively if the Subject Matter of the Act is within the Powers of the same as defined by this Act.

As to Errors in Names

138. From and after the Union the Use of the Words "Upper Canada" instead of "Ontario," or "Lower Canada" instead of "Quebec," in any Deed, Writ, Process, Pleading, Document, Matter, or Thing shall not invalidate the same.

As to issue of Proclamations before Union, to commence after Union

139. Any Proclamation under the Great Seal of the Province of Canada issued before the Union to take effect at a Time which is subsequent to the Union, whether relating to that Province, or to Upper Canada, or to Lower Canada, and the several Matters and Things therein proclaimed, shall be and continue of like Force and Effect as if the Union had not been made. (70)

As to issue of Proclamations after Union

140. Any Proclamation which is authorized by any Act of the Legislature of the Province of Canada to be issued under the Great Seal of the Province of Canada, whether relating to that Province, or to Upper Canada, or to Lower Canada, and which is not issued before the Union, may be issued by the Lieutenant Governor of Ontario or of Quebec, as its Subject Matter requires, under the Great Seal thereof; and from and after the Issue of such Proclamation the same and the several Matters and Things therein proclaimed shall be and continue of the like Force and Effect in Ontario or Quebec as if the Union had not been made. (71)

---

(70) Probably spent.

(71) Probably spent.

Penitentiary

141. The Penitentiary of the Province of Canada shall, until the Parliament of Canada otherwise provides, be and continue the Penitentiary of Ontario and of Quebec. (72)

Arbitration respecting Debts, etc.

142. The Division and Adjustment of the Debts, Credits, Liabilities, Properties, and Assets of Upper Canada and Lower Canada shall be referred to the Arbitrament of Three Arbitrators, One chosen by the Government of Ontario, One by the Government of Quebec, and One by the Government of Canada; and the Selection of the Arbitrators shall not be made until the Parliament of Canada and the Legislatures of Ontario and Quebec have met; and the Arbitrator chosen by the Government of Canada shall not be a Resident either in Ontario or in Quebec. (73)

Division of Records

143. The Governor General in Council may from Time to Time order that such and so many of the Records, Books, and Documents of the Province of Canada as he thinks fit shall be appropriated and delivered either to Ontario or to Quebec, and the same shall thenceforth be the Property of that Province; and any Copy thereof or Extract therefrom, duly certified by the Officer having charge of the Original thereof, shall be admitted as Evidence. (74)

Constitution of Townships in
Quebec

144. The Lieutenant Governor of Quebec may from Time to Time, by Proclamation under the Great Seal of the Province, to take effect from a Day to be appointed therein, constitute Townships in those Parts of the Province of Quebec in which Townships are not then already constituted, and fix the Metes and Bounds thereof.

X. Intercolonial Railway

145. Repealed. (75)

---

(72) Spent. Penitentiaries are now provided for by the *Corrections and Conditional Release Act*, S.C. 1992, c. 20.

(73) Spent. See pages (xi) and (xii) of the Public Accounts, 1902-03.

(74) Probably spent. Two orders were made under this section on January 24, 1868.

(75) Repealed by the *Statute Law Revision Act, 1893*, 56-57 Vict., c. 14, (U.K.). The section read as follows:

X. Intercolonial Railway

145. Inasmuch as the Provinces of Canada, Nova Scotia, and New Brunswick have joined in a Declaration that the Construction of the Intercolonial Railway is essential to the Consolidation of the Union of British North America, and to the Assent thereto of Nova Scotia and New Brunswick, and have consequently agreed that Provision should be made for its immediate Construction by the Government of Canada; Therefore, in order

XI. Admission of Other Colonies

Power to admit Newfoundland, etc.,
into the Union

146. It shall be lawful for the Queen, by and with the Advice of Her Majesty's Most Honourable Privy Council, on Addresses from the Houses of the Parliament of Canada, and from the Houses of the respective Legislatures of the Colonies or Provinces of Newfoundland, Prince Edward Island, and British Columbia, to admit those Colonies or Provinces, or any of them, into the Union, and on Address from the Houses of the Parliament of Canada to admit Rupert's Land and the North-western Territory, or either of them, into the Union, on such Terms and Conditions in each Case as are in the Addresses expressed and as the Queen thinks fit to approve, subject to the Provisions of this Act; and the Provisions of any Order in Council in that Behalf shall have effect as if they had been enacted by the Parliament of the United Kingdom of Great Britain and Ireland. (76)

As to Representation of
Newfoundland and Prince Edward
Island in Senate

147. In case of the Admission of Newfoundland and Prince Edward Island, or either of them, each shall be entitled to a Representation in the Senate of Canada of Four Members, and (notwithstanding anything in this Act) in case of the Admission of Newfoundland the normal Number of Senators shall be Seventy-six and their maximum Number shall be Eighty-two; but Prince Edward Island when admitted shall be deemed to be comprised in the third of the Three Divisions into which Canada is, in relation to the Constitution of the Senate, divided by this Act, and accordingly, after the Admission of Prince Edward Island, whether Newfoundland is admitted or not, the Representation of Nova Scotia and New Brunswick in the Senate shall, as Vacancies occur, be reduced from Twelve to Ten Members respectively, and the Representation of each of those Provinces shall not be increased at any Time beyond Ten, except under the Provisions of this Act for the Appointment of Three or Six additional Senators under the Direction of the Queen. (77)

---

to give effect to that Agreement, it shall be the Duty of the Government and Parliament of Canada to provide for the Commencement, within Six Months after the Union, of a Railway connecting the River St. Lawrence with the City of Halifax in Nova Scotia, and for the Construction thereof without Intermission, and the Completion thereof with all practicable Speed.

(76) All territories mentioned in this section are now part of Canada. See the notes to section 5, *supra*.

(77) Spent. See the notes to sections 21, 22, 26, 27 and 28, *supra*.

SCHEDULES

THE FIRST SCHEDULE (78)

Electoral Districts of Ontario

A.

EXISTING ELECTORAL DIVISIONS.

COUNTIES

1. Prescott.
2. Glengarry.
3. Stormont.
4. Dundas.
5. Russell.
6. Carleton.
7. Prince Edward.
8. Halton.
9. Essex.

RIDINGS OF COUNTIES

10. North Riding of Lanark.
11. South Riding of Lanark.
12. North Riding of Leeds and North Riding of Grenville.
13. South Riding of Leeds.
14. South Riding of Grenville.
15. East Riding of Northumberland.
16. West Riding of Northumberland (excepting therefrom the Township of South Monaghan).
17. East Riding of Durham.
18. West Riding of Durham.
19. North Riding of Ontario.
20. South Riding of Ontario.
21. East Riding of York.
22. West Riding of York.
23. North Riding of York.
24. North Riding of Wentworth.
25. South Riding of Wentworth.
26. East Riding of Elgin.
27. West Riding of Elgin.
28. North Riding of Waterloo.
29. South Riding of Waterloo.
30. North Riding of Brant.
31. South Riding of Brant.
32. North Riding of Oxford.
33. South Riding of Oxford.
34. East Riding of Middlesex.

(78) Spent. *Representation Act*, R.S.O. 1990, c. R.26.

CITIES, PARTS OF CITIES, AND TOWNS

35. West Toronto.
36. East Toronto.
37. Hamilton.
38. Ottawa.
39. Kingston.
40. London.
41. Town of Brockville, with the Township of Elizabethtown thereto attached.
42. Town of Niagara, with the Township of Niagara thereto attached.
43. Town of Cornwall, with the Township of Cornwall thereto attached.

B.

NEW ELECTORAL DIVISIONS

44. The Provisional Judicial District of ALGOMA.

The County of BRUCE, divided into Two Ridings, to be called respectively the North and South Ridings:—

45. The North Riding of Bruce to consist of the Townships of Bury, Lindsay, Eastnor, Albermarle, Amable, Arran, Bruce, Elderslie, and Saugeen, and the Village of Southampton.

46. The South Riding of Bruce to consist of the Townships of Kincardine (including the Village of Kincardine), Greenock, Brant, Huron, Kinloss, Culross, and Carrick.

The County of HURON, divided into Two Ridings, to be called respectively the North and South Ridings:—

47. The North Riding to consist of the Townships of Ashfield, Wawanosh, Turnberry, Howick, Morris, Grey, Colborne, Hullett, including the Village of Clinton, and McKillop.

48. The South Riding to consist of the Town of Goderich and the Townships of Goderich, Tuckersmith, Stanley, Hay, Usborne, and Stephen.

The County of MIDDLESEX, divided into three Ridings, to be called respectively the North, West, and East Ridings:—

49. The North Riding to consist of the Townships of McGillivray and Biddulph (taken from the County of Huron), and Williams East, Williams West, Adelaide, and Lobo.

50. The West Riding to consist of the Townships of Delaware, Carradoc, Metcalfe, Mosa and Ekfrid, and the Village of Strathroy.

[The East Riding to consist of the Townships now embraced therein, and be bounded as it is at present.]

51. The County of LAMBTON to consist of the Townships of Bosanquet, Warwick, Plympton, Sarnia, Moore, Enniskillen, and Brooke, and the Town of Sarnia.

52. The County of KENT to consist of the Townships of Chatham, Dover, East Tilbury, Romney, Raleigh, and Harwich, and the Town of Chatham.

53. The County of BOTHWELL to consist of the Townships of Sombra, Dawn, and Euphemia (taken from the County of Lambton), and the Townships of Zone, Camden with the Gore thereof, Orford, and Howard (taken from the County of Kent).

The County of GREY divided into Two Ridings to be called respectively the South and North Ridings:—

54. The South Riding to consist of the Townships of Bentinck, Glenelg, Artemesia, Osprey, Normanby, Egremont, Proton, and Melancthon.

55. The North Riding to consist of the Townships of Collingwood, Euphrasia, Holland, Saint-Vincent, Sydenham, Sullivan, Derby, and Keppel, Sarawak and Brooke, and the Town of Owen Sound.

The County of PERTH divided into Two Ridings, to be called respectively the South and North Ridings:—

56. The North Riding to consist of the Townships of Wallace, Elma, Logan, Ellice, Mornington, and North Easthope, and the Town of Stratford.

57. The South Riding to consist of the Townships of Blanchard, Downie, South Easthope, Fullarton, Hibbert, and the Villages of Mitchell and Ste. Marys.

The County of WELLINGTON divided into Three Ridings to be called respectively North, South and Centre Ridings:—

58. The North Riding to consist of the Townships of Amaranth, Arthur, Luther, Minto, Maryborough, Peel, and the Village of Mount Forest.

59. The Centre Riding to consist of the Townships of Garafraxa, Erin, Eramosa, Nichol, and Pilkington, and the Villages of Fergus and Elora.

60. The South Riding to consist of the Town of Guelph, and the Townships of Guelph and Puslinch.

The County of NORFOLK, divided into Two Ridings, to be called respectively the South and North Ridings:—

61. The South Riding to consist of the Townships of Charlotteville, Houghton, Walsingham, and Woodhouse, and with the Gore thereof.

62. The North Riding to consist of the Townships of Middleton, Townsend, and Windham, and the Town of Simcoe.

63. The County of HALDIMAND to consist of the Townships of Oneida, Seneca, Cayuga North, Cayuga South, Raynham, Walpole, and Dunn.

64. The County of MONCK to consist of the Townships of Canborough and Moulton, and Sherbrooke, and the Village of Dunnville (taken from the County of Haldimand), the Townships of Caister and Gainsborough (taken from the County of Lincoln), and the Townships of Pelham and Wainfleet (taken from the County of Welland).

65. The County of LINCOLN to consist of the Townships of Clinton, Grantham, Grimsby, and Louth, and the Town of St. Catherines.

66. The County of WELLAND to consist of the Townships of Bertie, Crowland, Humberstone, Stamford, Thorold, and Willoughby, and the Villages of Chippewa, Clifton, Fort Erie, Thorold, and Welland.

67. The County of PEEL to consist of the Townships of Chinguacousy, Toronto, and the Gore of Toronto, and the Villages of Brampton and Streetsville.

68. The County of CARDWELL to consist of the Townships of Albion and Caledon (taken from the County of Peel), and the Townships of Adjala and Mono (taken from the County of Simcoe).

The County of SIMCOE, divided into Two Ridings, to be called respectively the South and North Ridings:—

69. The South Riding to consist of the Townships of West Gwillimbury, Tecumseth, Innisfil, Essa, Tosorontio, Mulmur, and the Village of Bradford.

70. The North Riding to consist of the Townships of Nottawasaga, Sunnidale, Vespra, Flos, Oro, Medonte, Orillia and Matchedash, Tiny and Tay, Balaklava and Robinson, and the Towns of Barrie and Collingwood.

The County of VICTORIA, divided into Two Ridings, to be called respectively the South and North Ridings:—

71. The South Riding to consist of the Townships of Ops, Mariposa, Emily, Verulam, and the Town of Lindsay.

72. The North Riding to consist of the Townships of Anson, Bexley, Carden, Dalton, Digby, Eldon, Fenelon, Hindon, Laxton, Lutterworth, Macaulay and Draper, Sommerville, and Morrison, Muskoka, Monck and Watt (taken from the County of Simcoe), and any other surveyed Townships lying to the North of the said North Riding.

The County of PETERBOROUGH, divided into Two Ridings, to be called respectively the West and East Ridings:—

73. The West Riding to consist of the Townships of South Monaghan (taken from the County of Northumberland), North Monaghan, Smith, and Ennismore, and the Town of Peterborough.

74. The East Riding to consist of the Townships of Asphodel, Belmont and Methuen, Douro, Dummer, Galway, Harvey, Minden, Stanhope and Dysart, Otonabee, and Snowden, and the Village of Ashburnham, and any other surveyed Townships lying to the North of the said East Riding.

The County of HASTINGS, divided into Three Ridings, to be called respectively the West, East, and North Ridings:—

75. The West Riding to consist of the Town of Belleville, the Township of Sydney, and the Village of Trenton.

76. The East Riding to consist of the Townships of Thurlow, Tyendinaga, and Hungerford.

77. The North Riding to consist of the Townships of Rawdon, Huntingdon, Madoc, Elzevir, Tudor, Marmora, and Lake, and the Village of Stirling, and any other surveyed Townships lying to the North of the said North Riding.

78. The County of LENNOX to consist of the Townships of Richmond, Adolphustown, North Fredericksburg, South Fredericksburg, Ernest Town, and Amherst Island, and the Village of Napanee.

79. The County of ADDINGTON to consist of the Townships of Camden, Portland, Sheffield, Hinchinbrooke, Kaladar, Kennebec, Olden, Oso, Anglesea, Barrie, Clarendon, Palmerston, Effingham, Abinger, Miller, Canonto, Denbigh, Loughborough, and Bedford.

80. The County of FRONTENAC to consist of the Townships of Kingston, Wolfe Island, Pittsburg and Howe Island, and Storrington.

The County of RENFREW, divided into Two Ridings, to be called respectively the South and North Ridings:—

81. The South Riding to consist of the Townships of McNab, Bagot, Blithfield, Brougham, Horton, Admaston, Grattan, Matawatchan, Griffith, Lyndoch, Raglan, Radcliffe, Brudenell, Sebastopol, and the Villages of Arnprior and Renfrew.

82. The North Riding to consist of the Townships of Ross, Bromley, Westmeath, Stafford, Pembroke, Wilberforce, Alice, Petawawa, Buchanan, South Algona, North Algona, Fraser, McKay, Wylie, Rolph, Head, Maria, Clara, Haggerty, Sherwood, Burns, and Richards, and any other surveyed Townships lying North-westerly of the said North Riding.

Every Town and incorporated Village existing at the Union, not especially mentioned in this Schedule, is to be taken as Part of the County or Riding within which it is locally situate.

THE SECOND SCHEDULE

Electoral Districts of Quebec specially fixed

COUNTIES OF—

Pontiac.	Missisquoi.	Compton.
Ottawa.	Brome.	Wolfe and
Argenteuil.	Shefford.	Richmond.
Huntingdon.	Stanstead.	Megantic.

Town of Sherbrooke.

THE THIRD SCHEDULE

Provincial Public Works and Property to be the Property of Canada

1. Canals, with Lands and Water Power connected therewith.

2. Public Harbours.

3. Lighthouses and Piers, and Sable Island.

4. Steamboats, Dredges, and public Vessels.

5. Rivers and Lake Improvements.

6. Railways and Railway Stocks, Mortgages, and other Debts due by Railway Companies.

7. Military Roads.

8. Custom Houses, Post Offices, and all other Public Buildings, except such as the Government of Canada appropriate for the Use of the Provincial Legislatures and Governments.

9. Property transferred by the Imperial Government, and known as Ordnance Property.

10. Armouries, Drill Sheds, Military Clothing, and Munitions of War, and Lands set apart for general Public Purposes.

THE FOURTH SCHEDULE

Assets to be the Property of Ontario and Quebec conjointly

Upper Canada Building Fund.
Lunatic Asylums.

58

Normal School.
Court Houses in ⎱
Aylmer. ⎱
Montreal. ⎰ Lower Canada
Kamouraska. ⎰
Law Society, Upper Canada.
Montreal Turnpike Trust.
University Permanent Fund.
Royal Institution.
Consolidated Municipal Loan Fund, Upper Canada.
Consolidated Municipal Loan Fund, Lower Canada.
Agricultural Society, Upper Canada.
Lower Canada Legislative Grant.
Quebec Fire Loan.
Temiscouata Advance Account.
Quebec Turnpike Trust.
Education—East.
Building and Jury Fund, Lower Canada.
Municipalities Fund.
Lower Canada Superior Education Income Fund.

THE FIFTH SCHEDULE

OATH OF ALLEGIANCE

I *A.B.* do swear, That I will be faithful and bear true Allegiance to Her Majesty Queen Victoria.

Note.—The Name of the King or Queen of the United Kingdom of Great Britain and Ireland for the Time being is to be substituted from Time to Time, with proper Terms of Reference thereto.

DECLARATION OF QUALIFICATION

I *A.B.* do declare and testify, That I am by Law duly qualified to be appointed a Member of the Senate of Canada [*or as the Case may be*], and that I am legally or equitably seised as of Freehold for my own Use and Benefit of Lands or Tenements held in Free and Common Socage [*or seised or possessed for my own Use and Benefit of Lands or Tenements held in Franc-alleu or in Roture (as the Case may be*),] in the Province of Nova Scotia [*or as the Case may be*] of the Value of Four thousand Dollars over and above all Rents, Dues, Debts, Mortgages, Charges, and Incumbrances due or payable out of or charged on or affecting the same, and that I have not collusively or colourably obtained a Title to or become possessed of the said Lands and Tenements or any Part thereof for the Purpose of enabling me to become a Member of the Senate of Canada [*or as the Case may be*], and that my Real and Personal Property are together worth Four thousand Dollars over and above my Debts and Liabilities.

THE SIXTH SCHEDULE (79)

Primary Production from Non-Renewable Natural Resources and Forestry Resources

1. For the purposes of section 92A of this Act,

(*a*) production from a non-renewable natural resource is primary production therefrom if

> (i) it is in the form in which it exists upon its recovery or severance from its natural state, or

> (ii) it is a product resulting from processing or refining the resource, and is not a manufactured product or a product resulting from refining crude oil, refining upgraded heavy crude oil, refining gases or liquids derived from coal or refining a synthetic equivalent of crude oil; and

(*b*) production from a forestry resource is primary production therefrom if it consists of sawlogs, poles, lumber, wood chips, sawdust or any other primary wood product, or wood pulp, and is not a product manufactured from wood.

---

(79) As enacted by the *Constitution Act, 1982.*

CONSTITUTION ACT, 1982 (80)

SCHEDULE B

CONSTITUTION ACT, 1982

PART I

CANADIAN CHARTER OF RIGHTS AND FREEDOMS

Whereas Canada is founded upon principles that recognize the supremacy of God and the rule of law:

Guarantee of Rights and Freedoms

Rights and freedoms in Canada

1. The *Canadian Charter of Rights and Freedoms* guarantees the rights and freedoms set out in it subject only to such reasonable limits prescribed by law as can be demonstrably justified in a free and democratic society.

Fundamental Freedoms

Fundamental freedoms

2. Everyone has the following fundamental freedoms:

(*a*) freedom of conscience and religion;

---

(80) Enacted as Schedule B to the *Canada Act 1982*, (U.K.) 1982, c. 11, which came into force on April 17, 1982. The *Canada Act 1982*, other than Schedules A and B thereto, reads as follows:

An Act to give effect to a request by the Senate and House of Commons of Canada

Whereas Canada has requested and consented to the enactment of an Act of the Parliament of the United Kingdom to give effect to the provisions hereinafter set forth and the Senate and the House of Commons of Canada in Parliament assembled have submitted an address to Her Majesty requesting that Her Majesty may graciously be pleased to cause a Bill to be laid before the Parliament of the United Kingdom for that purpose.

Be it therefore enacted by the Queen's Most Excellent Majesty, by and with the advice and consent of the Lords Spiritual and Temporal, and Commons, in this present Parliament assembled, and by the authority of the same, as follows:

1. The *Constitution Act, 1982* set out in Schedule B to this Act is hereby enacted for and shall have the force of law in Canada and shall come into force as provided in that Act.

2. No Act of the Parliament of the United Kingdom passed after the *Constitution Act, 1982* comes into force shall extend to Canada as part of its law.

3. So far as it is not contained in Schedule B, the French version of this Act is set out in Schedule A to this Act and has the same authority in Canada as the English version thereof.

4. This Act may be cited as the *Canada Act 1982*.

(*b*) freedom of thought, belief, opinion and expression, including freedom of the press and other media of communication;

(*c*) freedom of peaceful assembly; and

(*d*) freedom of association.

Democratic Rights

Democratic rights of citizens

3. Every citizen of Canada has the right to vote in an election of members of the House of Commons or of a legislative assembly and to be qualified for membership therein.

Maximum duration of legislative
bodies

4. (1) No House of Commons and no legislative assembly shall continue for longer than five years from the date fixed for the return of the writs at a general election of its members. (81)

Continuation in special
circumstances

(2) In time of real or apprehended war, invasion or insurrection, a House of Commons may be continued by Parliament and a legislative assembly may be continued by the legislature beyond five years if such continuation is not opposed by the votes of more than one-third of the members of the House of Commons or the legislative assembly, as the case may be. (82)

Annual sitting of legislative bodies

5. There shall be a sitting of Parliament and of each legislature at least once every twelve months. (83)

Mobility Rights

Mobility of citizens

6. (1) Every citizen of Canada has the right to enter, remain in and leave Canada.

Rights to move and gain livelihood

(2) Every citizen of Canada and every person who has the status of a permanent resident of Canada has the right

---

(81) See section 50 and the footnotes to sections 85 and 88 of the *Constitution Act, 1867.*

(82) Replaces part of Class 1 of section 91 of the *Constitution Act, 1867,* which was repealed as set out in subitem 1(3) of the Schedule to this Act.

(83) See the footnotes to sections 20, 86 and 88 of the *Constitution Act, 1867.*

(*a*) to move to and take up residence in any province; and

(*b*) to pursue the gaining of a livelihood in any province.

Limitation

(3) The rights specified in subsection (2) are subject to

(*a*) any laws or practices of general application in force in a province other than those that discriminate among persons primarily on the basis of province of present or previous residence; and

(*b*) any laws providing for reasonable residency requirements as a qualification for the receipt of publicly provided social services.

Affirmative action programs

(4) Subsections (2) and (3) do not preclude any law, program or activity that has as its object the amelioration in a province of conditions of individuals in that province who are socially or economically disadvantaged if the rate of employment in that province is below the rate of employment in Canada.

Legal Rights

Life, liberty and security of person

7. Everyone has the right to life, liberty and security of the person and the right not to be deprived thereof except in accordance with the principles of fundamental justice.

Search or seizure

8. Everyone has the right to be secure against unreasonable search or seizure.

Detention or imprisonment

9. Everyone has the right not to be arbitrarily detained or imprisoned.

Arrest or detention

10. Everyone has the right on arrest or detention

(*a*) to be informed promptly of the reasons therefor;

(*b*) to retain and instruct counsel without delay and to be informed of that right; and

(*c*) to have the validity of the detention determined by way of *habeas corpus* and to be released if the detention is not lawful.

Proceedings in criminal and penal
matters

11. Any person charged with an offence has the right

(*a*) to be informed without unreasonable delay of the specific offence;

(*b*) to be tried within a reasonable time;

(*c*) not to be compelled to be a witness in proceedings against that person in respect of the offence;

(*d*) to be presumed innocent until proven guilty according to law in a fair and public hearing by an independent and impartial tribunal;

(*e*) not to be denied reasonable bail without just cause;

(*f*) except in the case of an offence under military law tried before a military tribunal, to the benefit of trial by jury where the maximum punishment for the offence is imprisonment for five years or a more severe punishment;

(*g*) not to be found guilty on account of any act or omission unless, at the time of the act or omission, it constituted an offence under Canadian or international law or was criminal according to the general principles of law recognized by the community of nations;

(*h*) if finally acquitted of the offence, not to be tried for it again and, if finally found guilty and punished for the offence, not to be tried or punished for it again; and

(*i*) if found guilty of the offence and if the punishment for the offence has been varied between the time of commission and the time of sentencing, to the benefit of the lesser punishment.

Treatment or punishment

12. Everyone has the right not to be subjected to any cruel and unusual treatment or punishment.

Self-crimination

13. A witness who testifies in any proceedings has the right not to have any incriminating evidence so given used to incriminate that witness in any other proceedings, except in a prosecution for perjury or for the giving of contradictory evidence.

Interpreter

14. A party or witness in any proceedings who does not understand or speak the language in which the proceedings are conducted or who is deaf has the right to the assistance of an interpreter.

Equality Rights

Equality before and under law and
equal protection and benefit of law

15. (1) Every individual is equal before and under the law and has the right to the equal protection and equal benefit of the law without discrimination and, in particular, without discrimination based on race, national or ethnic origin, colour, religion, sex, age or mental or physical disability.

Affirmative action programs

(2) Subsection (1) does not preclude any law, program or activity that has as its object the amelioration of conditions of disadvantaged individuals or groups including those that are disadvantaged because of race, national or ethnic origin, colour, religion, sex, age or mental or physical disability. (84)

Official Languages of Canada

Official languages of Canada

16. (1) English and French are the official languages of Canada and have equality of status and equal rights and privileges as to their use in all institutions of the Parliament and government of Canada.

Official languages of New
Brunswick

(2) English and French are the official languages of New Brunswick and have equality of status and equal rights and privileges as to their use in all institutions of the legislature and government of New Brunswick.

Advancement of status and use

(3) Nothing in this Charter limits the authority of Parliament or a legislature to advance the equality of status or use of English and French.

English and French linguistic
communities in New Brunswick

16.1 (1) The English linguistic community and the French linguistic community in New Brunswick have equality of status and equal rights and privileges, including the right to distinct educational institutions and such distinct cultural institutions as are necessary for the preservation and promotion of those communities.

Role of the legislature and
government of New Brunswick

(2) The role of the legislature and government of New Brunswick to preserve and promote the status, rights and privileges referred to in subsection (1) is affirmed. (85)

---

(84) Subsection 32(2) provides that section 15 shall not have effect until three years after section 32 comes into force. Section 32 came into force on April 17, 1982; therefore, section 15 had effect on April 17, 1985.

(85) Section 16.1 was added by the *Constitution Amendment, 1993 (New Brunswick)*. See SI/93-54.

Proceedings of Parliament

17. (1) Everyone has the right to use English or French in any debates and other proceedings of Parliament. (86)

Proceedings of New Brunswick
legislature

(2) Everyone has the right to use English or French in any debates and other proceedings of the legislature of New Brunswick. (87)

Parliamentary statutes and records

18. (1) The statutes, records and journals of Parliament shall be printed and published in English and French and both language versions are equally authoritative. (88)

New Brunswick statutes and records

(2) The statutes, records and journals of the legislature of New Brunswick shall be printed and published in English and French and both language versions are equally authoritative. (89)

Proceedings in courts established by
Parliament

19. (1) Either English or French may be used by any person in, or in any pleading in or process issuing from, any court established by Parliament. (90)

Proceedings in New Brunswick
courts

(2) Either English or French may be used by any person in, or in any pleading in or process issuing from, any court of New Brunswick. (91)

Communications by public with
federal institutions

20. (1) Any member of the public in Canada has the right to communicate with, and to receive available services from, any head or central office of an institution of the Parliament or government of Canada in English or French, and has the same right with respect to any other office of any such institution where

---

(86) See section 133 of the *Constitution Act, 1867*, and the footnote thereto.

(87) *Id.*

(88) *Id.*

(89) *Id.*

(90) *Id.*

(91) *Id.*

Continuity of language instruction

(2) Citizens of Canada of whom any child has received or is receiving primary or secondary school instruction in English or French in Canada, have the right to have all their children receive primary and secondary school instruction in the same language.

Application where numbers warrant

(3) The right of citizens of Canada under subsections (1) and (2) to have their children receive primary and secondary school instruction in the language of the English or French linguistic minority population of a province

(*a*) applies wherever in the province the number of children of citizens who have such a right is sufficient to warrant the provision to them out of public funds of minority language instruction; and

(*b*) includes, where the number of those children so warrants, the right to have them receive that instruction in minority language educational facilities provided out of public funds.

Enforcement

Enforcement of guaranteed rights
and freedoms

24. (1) Anyone whose rights or freedoms, as guaranteed by this Charter, have been infringed or denied may apply to a court of competent jurisdiction to obtain such remedy as the court considers appropriate and just in the circumstances.

Exclusion of evidence bringing
administration of justice into
disrepute

(2) Where, in proceedings under subsection (1), a court concludes that evidence was obtained in a manner that infringed or denied any rights or freedoms guaranteed by this Charter, the evidence shall be excluded if it is established that, having regard to all the circumstances, the admission of it in the proceedings would bring the administration of justice into disrepute.

General

Aboriginal rights and freedoms not
affected by Charter

25. The guarantee in this Charter of certain rights and freedoms shall not be construed so as to abrogate or derogate from any aboriginal, treaty or other rights or freedoms that pertain to the aboriginal peoples of Canada including

(*a*) any rights or freedoms that have been recognized by the Royal Proclamation of October 7, 1763; and (*b*) any rights or freedoms that now exist by way of land claims agreements or may be so acquired. (94)

Other rights and freedoms not
affected by Charter

26. The guarantee in this Charter of certain rights and freedoms shall not be construed as denying the existence of any other rights or freedoms that exist in Canada.

Multicultural heritage

27. This Charter shall be interpreted in a manner consistent with the preservation and enhancement of the multicultural heritage of Canadians.

Rights guaranteed equally to both
sexes

28. Notwithstanding anything in this Charter, the rights and freedoms referred to in it are guaranteed equally to male and female persons.

Rights respecting certain schools
preserved

29. Nothing in this Charter abrogates or derogates from any rights or privileges guaranteed by or under the Constitution of Canada in respect of denominational, separate or dissentient schools. (95)

Application to territories and
territorial authorities

30. A reference in this Charter to a Province or to the legislative assembly or legislature of a province shall be deemed to include a reference to the Yukon Territory and the Northwest Territories, or to the appropriate legislative authority thereof, as the case may be.

Legislative powers not extended

31. Nothing in this Charter extends the legislative powers of any body or authority.

Application of Charter

Application of Charter

32. (1) This Charter applies

---

(94) Paragraph 25(*b*) was repealed and re-enacted by the *Constitution Amendment Proclamation, 1983*. See SI/84-102.

Paragraph 25(*b*) as originally enacted read as follows:

"(*b*) any rights or freedoms that may be acquired by the aboriginal peoples of Canada by way of land claims settlement."

(95) See section 93 of the *Constitution Act, 1867*, and the footnote thereto.

(*a*) to the Parliament and government of Canada in respect of all matters within the authority of Parliament including all matters relating to the Yukon Territory and Northwest Territories; and

(*b*) to the legislature and government of each province in respect of all matters within the authority of the legislature of each province.

Exception

(2) Notwithstanding subsection (1), section 15 shall not have effect until three years after this section comes into force.

Exception where express
declaration

33. (1) Parliament or the legislature of a province may expressly declare in an Act of Parliament or of the legislature, as the case may be, that the Act or a provision thereof shall operate notwithstanding a provision included in section 2 or sections 7 to 15 of this Charter.

Operation of exception

(2) An Act or a provision of an Act in respect of which a declaration made under this section is in effect shall have such operation as it would have but for the provision of this Charter referred to in the declaration.

Five year limitation

(3) A declaration made under subsection (1) shall cease to have effect five years after it comes into force or on such earlier date as may be specified in the declaration.

Re-enactment

(4) Parliament or the legislature of a province may re-enact a declaration made under subsection (1).

Five year limitation

(5) Subsection (3) applies in respect of a re-enactment made under subsection (4).

Citation

Citation

34. This Part may be cited as the *Canadian Charter of Rights and Freedoms*.

PART II

RIGHTS OF THE ABORIGINAL PEOPLES OF CANADA

Recognition of existing aboriginal
and treaty rights

35. (1) The existing aboriginal and treaty rights of the aboriginal peoples of Canada are hereby recognized and affirmed.

Definition of "aboriginal peoples of
Canada"

(2) In this Act, "aboriginal peoples of Canada" includes the Indian, Inuit and Métis peoples of Canada.

Land claims agreements

(3) For greater certainty, in subsection (1) "treaty rights" includes rights that now exist by way of land claims agreements or may be so acquired.

Aboriginal and treaty rights are
guaranteed equally to both sexes

(4) Notwithstanding any other provision of this Act, the aboriginal and treaty rights referred to in subsection (1) are guaranteed equally to male and female persons. (96)

Commitment to participation in
constitutional conference

35.1 The government of Canada and the provincial governments are committed to the principal that, before any amendment is made to Class 24 of section 91 of the *"Constitution Act, 1867"*, to section 25 of this Act or to this Part,

(*a*) a constitutional conference that includes in its agenda an item relating to the proposed amendment, composed of the Prime Minister of Canada and the first ministers of the provinces, will be convened by the Prime Minister of Canada; and

(*b*) the Prime Minister of Canada will invite representatives of the aboriginal peoples of Canada to participate in the discussions on that item. (97)

---

(96) Subsections 35(3) and (4) were added by the *Constitution Amendment Proclamation, 1983*. See SI/84-102.

(97) Section 35.1 was added by the *Constitution Amendment Proclamation, 1983*. See SI/84-102.

PART III

EQUALIZATION AND REGIONAL DISPARITIES

Commitment to promote equal
opportunities

36. (1) Without altering the legislative authority of Parliament or of the provincial legislatures, or the rights of any of them with respect to the exercise of their legislative authority, Parliament and the legislatures, together with the government of Canada and the provincial governments, are committed to

(*a*) promoting equal opportunities for the well-being of Canadians;

(*b*) furthering economic development to reduce disparity in opportunities; and

(*c*) providing essential public services of reasonable quality to all Canadians.

Commitment respecting public
services

(2) Parliament and the government of Canada are committed to the principle of making equalization payments to ensure that provincial governments have sufficient revenues to provide reasonably comparable levels of public services at reasonably comparable levels of taxation. (98)

PART IV

CONSTITUTIONAL CONFERENCE

37. Repealed. (99)

---

(98) See the footnotes to sections 114 and 118 of the *Constitution Act, 1867*.

(99) Section 54 provided for the repeal of Part IV one year after Part VII came into force. Part VII came into force on April 17, 1982 thereby repealing Part IV on April 17, 1983.

Part IV, as originally enacted, read as follows:

37. (1) A constitutional conference composed of the Prime Minister of Canada and the first ministers of the provinces shall be convened by the Prime Minister of Canada within one year after this Part comes into force.

(2) The conference convened under subsection (1) shall have included in its agenda an item respecting constitutional matters that directly affect the aboriginal peoples of Canada, including the identification and definition of the rights of those peoples to be included in the Constitution of Canada, and the Prime Minister of Canada shall invite representatives of those peoples to participate in the discussions on that item.

(3) The Prime Minister of Canada shall invite elected representatives of the governments of the Yukon Territory and the Northwest Territories to participate in the discussions on any item on the agenda of the conference convened under subsection (1) that, in the opinion of the Prime Minister, directly affects the Yukon Territory and the Northwest Territories.

PART IV.1

CONSTITUTIONAL CONFERENCES

37.1 Repealed. (100)

PART V

PROCEDURE FOR AMENDING CONSTITUTION OF CANADA (101)

General procedure for amending
Constitution of Canada

38. (1) An amendment to the Constitution of Canada may be made by proclamation issued by the Governor General under the Great Seal of Canada where so authorized by

(*a*) resolutions of the Senate and House of Commons; and

(*b*) resolutions of the legislative assemblies of at least two-thirds of the provinces that have, in the aggregate, according to the then latest general census, at least fifty per cent of the population of all the provinces.

Majority of members

(2) An amendment made under subsection (1) that derogates from the legislative powers, the proprietary rights or any other rights or privileges of the legislature or government of a province shall require a resolution supported by

---

(100) Part IV.1, which was added by the *Constitution Amendment Proclamation, 1983* (see SI/84-102), was repealed on April 18, 1987 by section 54.1.

Part IV.1, as originally enacted, read as follows:

> 37.1 (1) In addition to the conference convened in March 1983, at least two constitutional conferences composed of the Prime Minister of Canada and the first ministers of the provinces shall be convened by the Prime Minister of Canada, the first within three years after April 17, 1982 and the second within five years after that date.
>
> (2) Each conference convened under subsection (1) shall have included in its agenda constitutional matters that directly affect the aboriginal peoples of Canada, and the Prime Minister of Canada shall invite representatives of those peoples to participate in the discussions on those matters.
>
> (3) The Prime Minister of Canada shall invite elected representatives of the governments of the Yukon Territory and the Northwest Territories to participate in the discussions on any item on the agenda of a conference convened under subsection (1) that, in the opinion of the Prime Minister, directly affects the Yukon Territory and the Northwest Territories.
>
> (4) Nothing in this section shall be construed so as to derogate from subsection 35(1).

(101) Prior to the enactment of Part V certain provisions of the Constitution of Canada and the provincial constitutions could be amended pursuant to the *Constitution Act, 1867.* See the footnotes to section 91, Class 1 and section 92, Class 1 thereof, *supra.* Other amendments to the Constitution could only be made by enactment of the Parliament of the United Kingdom.

a majority of the members of each of the Senate, the House of Commons and the legislative assemblies required under subsection (1).

(3) An amendment referred to in subsection (2) shall not have effect in a province the legislative assembly of which has expressed its dissent thereto by resolution supported by a majority of its members prior to the issue of the proclamation to which the amendment relates unless that legislative assembly, subsequently, by resolution supported by a majority of its members, revokes its dissent and authorizes the amendment.

Revocation of dissent

(4) A resolution of dissent made for the purposes of subsection (3) may be revoked at any time before or after the issue of the proclamation to which it relates.

Restriction on proclamation

39. (1) A proclamation shall not be issued under subsection 38(1) before the expiration of one year from the adoption of the resolution initiating the amendment procedure thereunder, unless the legislative assembly of each province has previously adopted a resolution of assent or dissent.

Idem

(2) A proclamation shall not be issued under subsection 38(1) after the expiration of three years from the adoption of the resolution initiating the amendment procedure thereunder.

Compensation

40. Where an amendment is made under subsection 38(1) that transfers provincial legislative powers relating to education or other cultural matters from provincial legislatures to Parliament, Canada shall provide reasonable compensation to any province to which the amendment does not apply.

Amendment by unanimous consent

41. An amendment to the Constitution of Canada in relation to the following matters may be made by proclamation issued by the Governor General under the Great Seal of Canada only where authorized by resolutions of the Senate and House of Commons and of the legislative assembly of each province:

(*a*) the office of the Queen, the Governor General and the Lieutenant Governor of a province;

(*b*) the right of a province to a number of members in the House of Commons not less than the number of Senators by which the province is entitled to be represented at the time this Part comes into force;

(*c*) subject to section 43, the use of the English or the French language;

(*d*) the composition of the Supreme Court of Canada; and

(*e*) an amendment to this Part.

42. (1) An amendment to the Constitution of Canada in relation to the following matters may be made only in accordance with subsection 38(1):

(*a*) the principle of proportionate representation of the provinces in the House of Commons prescribed by the Constitution of Canada;

(*b*) the powers of the Senate and the method of selecting Senators;

(*c*) the number of members by which a province is entitled to be represented in the Senate and the residence qualifications of Senators;

(*d*) subject to paragraph 41(*d*), the Supreme Court of Canada;

(*e*) the extension of existing provinces into the territories; and

(*f*) notwithstanding any other law or practice, the establishment of new provinces.

(2) Subsections 38(2) to (4) do not apply in respect of amendments in relation to matters referred to in subsection (1).

43. An amendment to the Constitution of Canada in relation to any provision that applies to one or more, but not all, provinces, including

(*a*) any alteration to boundaries between provinces, and

(*b*) any amendment to any provision that relates to the use of the English or the French language within a province,

may be made by proclamation issued by the Governor General under the Great Seal of Canada only where so authorized by resolutions of the Senate and House of Commons and of the legislative assembly of each province to which the amendment applies.

44. Subject to sections 41 and 42, Parliament may exclusively make laws amending the Constitution of Canada in relation to the executive government of Canada or the Senate and House of Commons.

45. Subject to section 41, the legislature of each province may exclusively make laws amending the constitution of the province.

Initiation of amendment procedures

46. (1) The procedures for amendment under sections 38, 41, 42 and 43 may be initiated either by the Senate or the House of Commons or by the legislative assembly of a province.

Revocation of authorization

(2) A resolution of assent made for the purposes of this Part may be revoked at any time before the issue of a proclamation authorized by it.

Amendments without Senate
resolution

47. (1) An amendment to the Constitution of Canada made by proclamation under section 38, 41, 42 or 43 may be made without a resolution of the Senate authorizing the issue of the proclamation if, within one hundred and eighty days after the adoption by the House of Commons of a resolution authorizing its issue, the Senate has not adopted such a resolution and if, at any time after the expiration of that period, the House of Commons again adopts the resolution.

Computation of period

(2) Any period when Parliament is prorogued or dissolved shall not be counted in computing the one hundred and eighty day period referred to in subsection (1).

Advice to issue proclamation

48. The Queen's Privy Council for Canada shall advise the Governor General to issue a proclamation under this Part forthwith on the adoption of the resolutions required for an amendment made by proclamation under this Part.

Constitutional conference

49. A constitutional conference composed of the Prime Minister of Canada and the first ministers of the provinces shall be convened by the Prime Minister of Canada within fifteen years after this Part comes into force to review the provisions of this Part.

PART VI

AMENDMENT TO THE CONSTITUTION ACT, 1867

50. (102)

51. (103)

---

(102) **The amendment is set out in the Consolidation of the *Constitution Act, 1867*, as section 92A thereof.**

(103) **The amendment is set out in the Consolidation of the *Constitution Act, 1867*, as the Sixth Schedule thereof.**

PART VII

GENERAL

Primacy of Constitution of Canada

52. (1) The Constitution of Canada is the supreme law of Canada, and any law that is inconsistent with the provisions of the Constitution is, to the extent of the inconsistency, of no force or effect.

Constitution of Canada

(2) The Constitution of Canada includes

(*a*) the *Canada Act 1982*, including this Act;

(*b*) the Acts and orders referred to in the schedule; and

(*c*) any amendment to any Act or order referred to in paragraph (*a*) or (*b*).

Amendments to Constitution of
Canada

(3) Amendments to the Constitution of Canada shall be made only in accordance with the authority contained in the Constitution of Canada.

Repeals and new names

53. (1) The enactments referred to in Column I of the schedule are hereby repealed or amended to the extent indicated in Column II thereof and, unless repealed, shall continue as law in Canada under the names set out in Column III thereof.

Consequential amendments

(2) Every enactment, except the *Canada Act 1982*, that refers to an enactment referred to in the schedule by the name in Column I thereof is hereby amended by substituting for that name the corresponding name in Column III thereof, and any British North America Act not referred to in the schedule may be cited as the *Constitution Act* followed by the year and number, if any, of its enactment.

Repeal and consequential
amendments

54. Part IV is repealed on the day that is one year after this Part comes into force and this section may be repealed and this Act renumbered, consequentially upon the repeal of Part IV and this section, by proclamation issued by the Governor General under the Great Seal of Canada. (104)

---

(104) Part VII came into force on April 17, 1982. See SI/82-97.

54.1 Repealed. (105)

French version of Constitution of
Canada

55. A French version of the portions of the Constitution of Canada referred to in the schedule shall be prepared by the Minister of Justice of Canada as expeditiously as possible and, when any portion thereof sufficient to warrant action being taken has been so prepared, it shall be put forward for enactment by proclamation issued by the Governor General under the Great Seal of Canada pursuant to the procedure then applicable to an amendment of the same provisions of the Constitution of Canada.

English and French versions of
certain constitutional texts

56. Where any portion of the Constitution of Canada has been or is enacted in English and French or where a French version of any portion of the Constitution is enacted pursuant to section 55, the English and French versions of that portion of the Constitution are equally authoritative.

English and French versions of this
Act

57. The English and French versions of this Act are equally authoritative.

Commencement

58. Subject to section 59, this Act shall come into force on a day to be fixed by proclamation issued by the Queen or the Governor General under the Great Seal of Canada. (106)

Commencement of paragraph
23(1)(a) in respect of Quebec

59. (1) Paragraph 23(1)(a) shall come into force in respect of Quebec on a day to be fixed by proclamation issued by the Queen or the Governor General under the Great Seal of Canada.

---

(105) Section 54.1, which was added by the *Constitution Amendment Proclamation, 1983* (see SI/84-102), provided for the repeal of Part IV.1 and section 54.1 on April 18, 1987.

Section 54.1, as originally enacted, read as follows:

"**54.1** Part IV.1 and this section are repealed on April 18, 1987."

(106) The Act, with the exception of paragraph 23(1)(a) in respect of Quebec, came into force on April 17, 1982 by proclamation issued by the Queen. See SI/82-97.

Authorization of Quebec

(2) A proclamation under subsection (1) shall be issued only where authorized by the legislative assembly or government of Quebec. (107)

Repeal of this section

(3) This section may be repealed on the day paragraph 23(1)(*a*) comes into force in respect of Quebec and this Act amended and renumbered, consequentially upon the repeal of this section, by proclamation issued by the Queen or the Governor General under the Great Seal of Canada.

Short title and citations

60. This Act may be cited as the *Constitution Act, 1982*, and the Constitution Acts 1867 to 1975 (No. 2) and this Act may be cited together as the *Constitution Acts, 1867 to 1982.*

References

61. A reference to the *"Constitution Acts, 1867 to 1982"* shall be deemed to include a reference to the *"Constitution Amendment Proclamation, 1983"*. (108)

---

(107) No proclamation has been issued under section 59.

(108) Section 61 was added by the *Constitution Amendment Proclamation, 1983*. See SI/84-102.

See also section 3 of the *Constitution Act, 1985 (Representation)*, S.C. 1986, c. 8, Part I and the *Constitution Amendment, 1987 (Newfoundland Act)* SI/ 88-11.

SCHEDULE

to the

CONSTITUTION ACT, 1982

MODERNIZATION OF THE CONSTITUTION

Item	Column I Act Affected	Column II Amendment	Column III New Name
1.	British North America Act, 1867, 30-31 Vict., c. 3 (U.K.)	(1) Section 1 is repealed and the following substituted therefor: "1. This Act may be cited as the *Constitution Act, 1867.*" (2) Section 20 is repealed. (3) Class 1 of section 91 is repealed. (4) Class 1 of section 92 is repealed.	Constitution Act, 1867
2.	An Act to amend and continue the Act 32-33 Victoria chapter 3; and to establish and provide for the Government of the Province of Manitoba, 1870, 33 Vict., c. 3 (Can.)	(1) The long title is repealed and the following substituted therefor: "*Manitoba Act, 1870.*" (2) Section 20 is repealed.	Manitoba Act, 1870
3.	Order of Her Majesty in Council admitting Rupert's Land and the North-Western Territory into the union, dated the 23rd day of June, 1870		Rupert's Land and North-Western Territory Order
4.	Order of Her Majesty in Council admitting British Columbia into the Union, dated the 16th day of May, 1871.		British Columbia Terms of Union
5.	British North America Act, 1871, 34-35 Vict., c. 28 (U.K.)	Section 1 is repealed and the following substituted therefor: "1. This Act may be cited as the *Constitution Act, 1871.*"	Constitution Act, 1871
6.	Order of Her Majesty in Council admitting Prince Edward Island into the Union, dated the 26th day of June, 1873.		Prince Edward Island Terms of Union
7.	Parliament of Canada Act, 1875, 38-39 Vict., c. 38 (U.K.)		Parliament of Canada Act, 1875

Item	Column I Act Affected	Column II Amendment	Column III New Name
8.	Order of Her Majesty in Council admitting all British possessions and Territories in North America and islands adjacent thereto into the Union, dated the 31st day of July, 1880.		Adjacent Territories Order
9.	British North America Act, 1886, 49-50 Vict., c. 35 (U.K.)	Section 3 is repealed and the following substituted therefor: "3. This Act may be cited as the *Constitution Act, 1886.*"	Constitution Act, 1886
10.	Canada (Ontario Boundary) Act, 1889, 52-53 Vict., c. 28 (U.K.)		Canada (Ontario Boundary) Act, 1889
11.	Canadian Speaker (Appointment of Deputy) Act, 1895, 2nd Sess., 59 Vict., c. 3 (U.K.)	The Act is repealed.	
12.	The Alberta Act, 1905, 4-5 Edw. VII, c. 3 (Can.)		Alberta Act
13.	The Saskatchewan Act, 1905, 4-5 Edw. VII, c. 42 (Can.)		Saskatchewan Act
14.	British North America Act, 1907, 7 Edw. VII, c. 11 (U.K.)	Section 2 is repealed and the following substituted therefor: "2. This Act may be cited as the *Constitution Act, 1907.*"	Constitution Act, 1907
15.	British North America Act, 1915, 5-6 Geo. V, c. 45 (U.K.)	Section 3 is repealed and the following substituted therefor: "3. This Act may be cited as the *Constitution Act, 1915.*"	Constitution Act, 1915
16.	British North America Act, 1930, 20-21, Geo. V, c. 26 (U.K.)	Section 3 is repealed and the following substituted therefor: "3. This Act may be cited as the *Constitution Act, 1930.*"	Constitution Act, 1930
17.	Statute of Westminster, 1931, 22 Geo. V, c. 4 (U.K.)	In so far as they apply to Canada, (*a*) section 4 is repealed; and (*b*) subsection 7(1) is repealed.	Statute of Westminster, 1931

Item	Column I Act Affected	Column II Amendment	Column III New Name
18.	British North America Act, 1940, 3-4 Geo. VI, c. 36 (U.K.)	Section 2 is repealed and the following substituted therefor: "2. This Act may be cited as the *Constitution Act, 1940.*"	Constitution Act, 1940
19.	British North America Act, 1943, 6-7 Geo. VI, c. 30 (U.K.)	The Act is repealed.	
20.	British North America Act, 1946, 9-10 Geo. VI, c. 63 (U.K.)	The Act is repealed.	
21.	British North America Act, 1949, 12-13 Geo. VI, c. 22 (U.K.)	Section 3 is repealed and the following substituted therefor: "3. This Act may be cited as the *Newfoundland Act.*"	Newfoundland Act
22.	British North America (No. 2) Act, 1949, 13 Geo. VI, c. 81 (U.K.)	The Act is repealed.	
23.	British North America Act, 1951, 14-15 Geo. VI, c. 32 (U.K.)	The Act is repealed.	
24.	British North America Act, 1952, 1 Eliz. II, c. 15 (Can.)	The Act is repealed.	
25.	British North America Act, 1960, 9 Eliz. II, c. 2 (U.K.)	Section 2 is repealed and the following substituted therefor: "2. This Act may be cited as the *Constitution Act, 1960.*"	Constitution Act, 1960
26.	British North America Act, 1964, 12-13 Eliz. II, c. 73 (U.K.)	Section 2 is repealed and the following substituted therefor: "2. This Act may be cited as the *Constitution Act, 1964.*"	Constitution Act, 1964
27.	British North America Act, 1965, 14 Eliz. II, c. 4, Part I (Can.)	Section 2 is repealed and the following substituted therefor: "2. This Part may be cited as the *Constitution Act, 1965.*"	Constitution Act, 1965
28.	British North America Act, 1974, 23 Eliz. II, c. 13, Part I (Can.)	Section 3, as amended by 25-26 Eliz. II, c. 28, s. 38(1) (Can.), is repealed and the following substituted therefor: "3. This Part may be cited as the *Constitution Act, 1974.*"	Constitution Act, 1974

Item	Column I Act Affected	Column II Amendment	Column III New Name
29.	British North America Act, 1975, 23-24 Eliz. II, c. 28, Part I (Can.)	Section 3, as amended by 25-26 Eliz. II, c. 28, s. 31 (Can.), is repealed and the following substituted therefor: "3. This Part may be cited as the *Constitution Act (No. 1), 1975.*"	Constitution Act (No. 1), 1975
30.	British North America Act (No. 2), 1975, 23-24 Eliz. II, c. 53 (Can.)	Section 3 is repealed and the following substituted therefor: "3. This Act may be cited as the *Constitution Act (No. 2), 1975.*"	Constitution Act (No. 2), 1975

	Colonne I Loi visée	Colonne II Modification	Colonne III Nouveau titre
22.	Acte de l'Amérique du Nord britannique (n° 2) 1949, 13 George VI, c. 81 (R.-U.)	La loi est abrogée.	
23.	Acte de l'Amérique du Nord britannique, 1951, 14-15 George VI, c. 32 (R.-U.)	La loi est abrogée.	
24.	Acte de l'Amérique du Nord britannique, 1952, 1 Elizabeth II, c. 15 (Canada)	La loi est abrogée.	
25.	Acte de l'Amérique du Nord britannique, 1960, 9 Elizabeth II, c. 2 (R.-U.)	L'article 2 est abrogé et remplacé par ce qui suit : « 2. Titre abrégé : *Loi constitutionnelle de 1960.* »	Loi constitutionnelle de 1960
26.	Acte de l'Amérique du Nord britannique, 1964, 12-13 Elizabeth II, c. 73 (R.-U.)	L'article 2 est abrogé et remplacé par ce qui suit : « 2. Titre abrégé : *Loi constitutionnelle de 1964.* »	Loi constitutionnelle de 1964
27.	Acte de l'Amérique du Nord britannique, 1965, 14 Elizabeth II, c. 4, Partie I (Canada)	L'article 2 est abrogé et remplacé par ce qui suit : « 2. Titre abrégé de la présente partie : *Loi constitutionnelle de 1965.* »	Loi constitutionnelle de 1965
28.	Acte de l'Amérique du Nord britannique, 1974, 23 Elizabeth II, c. 13, Partie I (Canada)	L'article 3, modifié par le paragraphe 38(1) de la loi, 25-26 Elizabeth II, c. 28 (Canada), est abrogé et remplacé par ce qui suit : « 3. Titre abrégé de la présente partie : *Loi constitutionnelle de 1974.* »	Loi constitutionnelle de 1974
29.	Acte de l'Amérique du Nord britannique, 1975, 23-24 Elizabeth II, c. 28, Partie I (Canada)	L'article 3, modifié par l'article 31 de la loi, 25-26 Elizabeth II, c. 28 (Canada), est abrogé et remplacé par ce qui suit : « 3. Titre abrégé de la présente partie : *Loi constitutionnelle n° 1 de 1975.* »	Loi constitutionnelle n° 1 de 1975
30.	Acte de l'Amérique du Nord britannique n° 2, 1975, 23-24 Elizabeth II, c. 53 (Canada)	L'article 3 est abrogé et remplacé par ce qui suit : « 3. Titre abrégé : *Loi constitutionnelle n° 2 de 1975.* »	Loi constitutionnelle n° 2 de 1975

	Colonne I Loi visée	Colonne II Modification	Colonne III Nouveau titre
9.	Acte de l'Amérique du Nord britannique, 1886, 49-50 Victoria, c. 35 (R.-U.)	L'article 3 est abrogé et remplacé par ce qui suit : « 3. Titre abrégé : *Loi constitutionnelle de 1886.* »	Loi constitutionnelle de 1886
10.	Acte du Canada (limites d'Ontario) 1889, 52-53 Victoria, c. 28 (R.-U.)		Loi de 1889 sur le Canada (frontières de l'Ontario)
11.	Acte concernant l'Orateur canadien (nomination d'un suppléant) 1895, 2e session, 59 Victoria, c. 3 (R.-U.)	La loi est abrogée.	
12.	Acte de l'Alberta, 1905, 4-5 Édouard VII, c. 3 (Canada)		Loi sur l'Alberta
13.	Acte de la Saskatchewan, 1905, 4-5 Édouard VII, c. 42 (Canada)		Loi sur la Saskatchewan
14.	Acte de l'Amérique du Nord britannique, 1907, 7 Édouard VII, c. 11 (R.-U.)	L'article 2 est abrogé et remplacé par ce qui suit : « 2. Titre abrégé : *Loi constitutionnelle de 1907.* »	Loi constitutionnelle de 1907
15.	Acte de l'Amérique du Nord britannique, 1915, 5-6 George V, c. 45 (R.-U.)	L'article 3 est abrogé et remplacé par ce qui suit : « 3. Titre abrégé : *Loi constitutionnelle de 1915.* »	Loi constitutionnelle de 1915
16.	Acte de l'Amérique du Nord britannique, 1930, 20-21 George V, c. 26 (R.-U.)	L'article 3 est abrogé et remplacé par ce qui suit : « 3. Titre abrégé : *Loi constitutionnelle de 1930.* »	Loi constitutionnelle de 1930
17.	Statut de Westminster, 1931, 22 George V, c. 4 (R.-U.)	Dans la mesure où ils s'appliquent au Canada : *a)* l'article 4 est abrogé; *b)* le paragraphe 7(1) est abrogé.	Statut de Westminster de 1931
18.	Acte de l'Amérique du Nord britannique, 1940, 3-4 George VI, c. 36 (R.-U.)	L'article 2 est abrogé et remplacé par ce qui suit : « 2. Titre abrégé : *Loi constitutionnelle de 1940.* »	Loi constitutionnelle de 1940
19.	Acte de l'Amérique du Nord britannique, 1943, 6-7 George VI, c. 30 (R.-U.)	La loi est abrogée.	
20.	Acte de l'Amérique du Nord britannique, 1946, 9-10 George VI, c. 63 (R.-U.)	La loi est abrogée.	
21.	Acte de l'Amérique du Nord britannique, 1949, 12-13 George VI, c. 22 (R.-U.)	L'article 3 est abrogé et remplacé par ce qui suit : « 3. Titre abrégé : *Loi sur Terre-Neuve.* »	Loi sur Terre-Neuve

CANADA

Codification administrative des

LOIS
CONSTITUTIONNELLES
DE
1867 à 1982

b/c providing public service in private land, watershed, can you limit that?

QLSys.com

MINISTÈRE DE LA JUSTICE
CANADA

Watershed devlt
+ then find out
if pri/public

Lois codifiées au 1er janvier 2001

En vente chez votre libraire local ou par la poste auprès
des Éditions du gouvernement du Canada
Travaux publics et Services gouvernementaux Canada
Ottawa (Ontario)
KIA OS9

Téléphone : (819) 956-4800
Télécopieur : (819) 994-1498
Commandes seulement : 1-800-635-7943
Internet : http://publications.tpsgc.gc.ca

N° de catalogue : YX1-1/2000
ISBN : 0-660-61565-7

AVANT-PROPOS

La présente codification contient le texte de la *Loi constitutionnelle de 1867* (antérieurement l'*Acte de l'Amérique du Nord britannique, 1867*), avec les modifications apportées depuis son adoption, ainsi que le texte de la *Loi constitutionnelle de 1982*, avec les modifications apportées depuis son adoption. La *Loi constitutionnelle de 1982* contient la *Charte canadienne des droits et libertés* et d'autres dispositions nouvelles, notamment la procédure de modification de la Constitution du Canada.

De plus, l'annexe de la *Loi constitutionnelle de 1982* abroge certains textes constitutionnels et modifie le titre d'autres textes. Par exemple, l'*Acte de l'Amérique du Nord britannique, 1949* est devenu *Loi sur Terre-Neuve*. Ce sont ces nouveaux titres qui paraissent dans la présente codification. Quant aux anciens titres, ils figurent à l'annexe de la *Loi constitutionnelle de 1982*.

La *Loi constitutionnelle de 1982* a été adoptée comme annexe B de la *Loi de 1982 sur le Canada*, 1982, ch. 11 (R.-U.). Elle est toutefois présentée dans la présente codification comme loi distincte, après la *Loi constitutionnelle de 1867*, alors que la *Loi de 1982 sur le Canada*, sauf l'annexe B, figure au premier renvoi relatif à la *Loi constitutionnelle de 1982*.

La *Loi constitutionnelle de 1867* a subi plusieurs modifications indirectes, non seulement de la part du Parlement du Royaume-Uni, mais aussi, dans les cas où elle le permettait, de la part du Parlement du Canada et des législatures provinciales. Si ces modifications ont été incluses, c'est qu'une codification qui ne contiendrait que les modifications faites directement au texte original ne donnerait pas tout l'état de la loi. La présente codification a donc pour objet de reproduire exactement la substance de la législation contenue dans tous les textes qui ont modifié les dispositions de la *Loi constitutionnelle de 1867*.

La méthodologie appliquée aux diverses catégories de dispositions qui ont modifié la *Loi constitutionnelle de 1867* est présentée ci-dessous.

I. Modifications directes

1. *Abrogations*

Les dispositions abrogées — l'article 2, par exemple — ont été retranchées du texte et sont citées dans un renvoi en bas de page.

2. *Modifications*

Les dispositions modifiées — l'article 4, par exemple — sont reproduites dans le texte sous leur nouvelle forme et les dispositions originales sont citées dans un renvoi en bas de page.

3. *Adjonctions*

Les dispositions ajoutées — l'article 51A, par exemple — ont été incluses dans le texte.

4. *Substitutions*

Les dispositions substituées — l'article 18, par exemple — ont été incluses dans le texte et les anciennes dispositions sont citées dans un renvoi en bas de page.

II. Modifications indirectes

1. *Changements apportés par le Parlement du Royaume-Uni*

Les dispositions que le Parlement du Royaume-Uni a changées autrement que par modification directe — l'article 21, par exemple — ont été incluses dans le texte sous leur nouvelle forme et les dispositions originales sont citées dans un renvoi en bas de page.

2. *Adjonctions effectuées par le Parlement du Royaume-Uni*

Les dispositions constitutionnelles ajoutées autrement que par des adjonctions à la *Loi constitutionnelle de 1867* — par exemple, les dispositions de la *Loi constitutionnelle de 1871* autorisant le Parlement à légiférer pour tout territoire non compris dans une province — ne sont pas incorporées au texte, mais sont citées dans un renvoi en bas de page.

3. *Changements apportés par le Parlement du Canada*

Les dispositions pouvant être modifiées par le Parlement du Canada — l'article 37, par exemple — ont été incluses dans le texte sous leur nouvelle forme, chaque fois que possible; dans le cas contraire — l'article 40, par exemple — le texte conserve l'article original avec, en bas de page, un renvoi à la loi du Parlement du Canada qui a effectué le changement.

4. *Changements apportés par les législatures*

Les dispositions pouvant être modifiées par les législatures provinciales en vertu d'une autorisation expresse — les articles 83 et 84, par exemple — ou en vertu du paragraphe 1 de l'article 92 — comme les articles 70 et 72, par exemple — ont été incluses dans le texte sous leur forme originale. Les renvois en bas de page portent sur les dispositions législatives provinciales à l'origine de ces changements. Toutefois, les modifications dont ces dispositions législatives provinciales ont été l'objet n'ont pas été incluses car on peut aisément en prendre connaissance en consultant l'index des lois des provinces. En outre, ces renvois ne se rapportent qu'aux dispositions législatives des quatre premières provinces. Il existe des textes similaires adoptés par les provinces créées après 1867.

III. Dispositions périmées

Certains renvois en bas de page se rapportent aux articles périmés ou probablement périmés. Ainsi, l'article 119 est devenu périmé avec le temps, ce qu'indique le renvoi en bas de page; par ailleurs, l'article 140 est probablement périmé mais à moins d'examiner toutes les lois adoptées avant la Confédération, on ne pourrait en être formellement certain; c'est la raison pour laquelle le renvoi en bas de page signale que cet article est probablement périmé.

Les dispositions adoptées par le Parlement du Royaume-Uni ou par le Parlement du Canada ainsi que les décrets en conseil portant admission de territoires, mentionnés en bas de page, sont inclus dans l'appendice II des APPENDICES des Lois révisées du Canada (1985) et dans les volumes annuels des Lois du Canada.

La présente version française des lois dont le texte original n'existe qu'en anglais est officieuse et reproduit, avec seulement les modifications de forme qui s'imposaient, la traduction littérale officieuse qui figure à l'appendice II des APPENDICES des Lois révisées du Canada (1985). Un texte officiel remaniant cette traduction littérale de l'anglais sera établi dans le cadre de l'article 55 de la *Loi constitutionnelle de 1982*.

* * * * * * * * *

La présente codification comporte de multiples annotations établies par le regretté E. A. Driedger, c.r. Bien que les textes aient été mis à jour, le ministère ne peut manquer de reconnaître la précieuse contribution de monsieur Driedger.

LOI CONSTITUTIONNELLE DE 1867

30 & 31 Victoria, ch. 3 (R.-U.)

(Codifiée avec modifications)

Loi concernant l'Union et le gouvernement du Canada, de la Nouvelle-Écosse et du Nouveau-Brunswick, ainsi que les objets qui s'y rattachent.

[*29 mars 1867*]

Considérant que les provinces du Canada, de la Nouvelle-Écosse et du Nouveau-Brunswick ont exprimé le désir de contracter une Union Fédérale pour ne former qu'une seule et même Puissance (*Dominion*) sous la couronne du Royaume-Uni de la Grande-Bretagne et d'Irlande, avec une constitution reposant sur les mêmes principes que celle du Royaume-Uni :

Considérant de plus qu'une telle union aurait l'effet de développer la prospérité des provinces et de favoriser les intérêts de l'Empire Britannique :

Considérant de plus qu'il est opportun, concurremment avec l'établissement de l'union par autorité du parlement, non seulement de décréter la constitution du pouvoir législatif de la Puissance, mais aussi de définir la nature de son gouvernement exécutif :

Considérant de plus qu'il est nécessaire de pourvoir à l'admission éventuelle d'autres parties de l'Amérique du Nord britannique dans l'union : (1)

I. PRÉLIMINAIRES

Titre abrégé

1. Titre abrégé : *Loi constitutionnelle de 1867*. (2)

2. Abrogé. (3)

---

(1) La *Loi de 1893 sur la revision du droit statutaire*, 56-57 Victoria, ch. 14 (R.-U.), a abrogé l'alinéa suivant, qui renfermait la formule d'édiction :

> À ces causes, Sa Très Excellente Majesté la Reine, de l'avis et du consentement des Lords Spirituels et Temporels et des Communes, en ce présent parlement assemblés, et par leur autorité, décrète et déclare ce qui suit:

(2) Tel qu'édicté par la *Loi constitutionnelle de 1982*, entrée en vigueur le 17 avril 1982. Texte de l'article original :

> **1.** Le présent acte pourra être cité sous le titre: «*L'acte de l'Amérique du Nord britannique, 1867*».

(3) Texte de l'article 2, abrogé par la *Loi de 1893 sur la revision du droit statutaire*, 56-57 Victoria, ch. 14 (R.-U.) :

> **2.** Les dispositions du présent acte relatives à Sa Majesté la Reine s'appliquent également aux héritiers et successeurs de Sa Majesté, Rois et Reines du Royaume-Uni de la Grande-Bretagne et d'Irlande.

II. Union

Établissement de l'union

3. Il sera loisible à la Reine, de l'avis du Très-Honorable Conseil Privé de Sa Majesté, de déclarer par proclamation qu'à compter du jour y désigné,—mais pas plus tard que six mois après la passation de la présente loi,—les provinces du Canada, de la Nouvelle-Écosse et du Nouveau-Brunswick ne formeront qu'une seule et même Puissance sous le nom de Canada; et dès ce jour, ces trois provinces ne formeront, en conséquence, qu'une seule et même Puissance sous ce nom. (4)

Interprétation des dispositions
subséquentes de la loi

4. À moins que le contraire n'y apparaisse explicitement ou implicitement, le nom de Canada signifiera le Canada tel que constitué sous la présente loi. (5)

Quatre provinces

5. Le Canada sera divisé en quatre provinces, dénommées : Ontario, Québec, Nouvelle-Écosse et Nouveau-Brunswick. (6)

---

(4) Le premier jour de juillet 1867 fut fixé par proclamation en date du 22 mai 1867.

(5) Partiellement abrogé par la *Loi de 1893 sur la revision du droit statutaire*, 56-57 Victoria, ch. 14 (R.-U.). Texte de l'article original :

> **4.** Les dispositions subséquentes du présent acte, à moins que le contraire n'y apparaisse explicitement ou implicitement, prendront leur pleine vigueur dès que l'union sera effectuée, c'est-à-dire le jour à compter duquel, aux termes de la proclamation de la Reine, l'union sera déclarée un fait accompli; dans les mêmes dispositions, à moins que le contraire n'y apparaisse explicitement ou implicitement, le nom de Canada signifiera le Canada tel que constitué sous la présente loi.

(6) Le Canada se compose maintenant de dix provinces (l'Ontario, le Québec, la Nouvelle-Écosse, le Nouveau-Brunswick, le Manitoba, la Colombie-Britannique, l'Île-du-Prince-Édouard, l'Alberta, la Saskatchewan et Terre-Neuve) et de trois territoires (le territoire du Yukon, les Territoires du Nord-Ouest et le territoire du Nunavut).

Les premiers territoires ajoutés à l'Union furent la Terre de Rupert et le territoire du Nord-Ouest (subséquemment appelés «les Territoires du Nord-Ouest»), admis selon l'article 146 de la *Loi constitutionnelle de 1867* et l'*Acte de la Terre de Rupert, 1868*, 31-32 Victoria, ch. 105 (R.-U.), par le *Décret en conseil sur la terre de Rupert et le territoire du Nord-Ouest* du 23 juin 1870, applicable à partir du 15 juillet 1870. Avant l'admission de ces territoires, le Parlement du Canada avait édicté l'*Acte concernant le gouvernement provisoire de la Terre de Rupert et du territoire du Nord-Ouest après que ces territoires auront été unis au Canada*, 32-33 Victoria, ch. 3, et la *Loi de 1870 sur le Manitoba*, 33 Victoria, ch. 3, où l'on prévoyait la formation de la province du Manitoba.

La province de la Colombie-Britannique fut admise dans l'Union, conformément à l'article 146 de la *Loi constitutionnelle de 1867*, aux termes des

Provinces d'Ontario et Québec

6. Les parties de la province du Canada (telle qu'existant à la passation de la présente loi) qui constituaient autrefois les provinces respectives du Haut et du Bas-Canada, seront censées séparées et formeront deux provinces distinctes. La partie qui constituait autrefois la province du Haut-Canada formera la province d'Ontario; et la partie qui constituait la province du Bas-Canada formera la province de Québec.

Provinces de la Nouvelle-Écosse et
du Nouveau-Brunswick

7. Les provinces de la Nouvelle-Écosse et du Nouveau-Brunswick auront les mêmes délimitations qui leur étaient assignées à l'époque de la passation de la présente loi.

Conditions de l'adhésion de la Colombie-Britannique, décret en conseil du 16 mai 1871, entré en vigueur le 20 juillet 1871.

L'Île-du-Prince-Édouard fut admise selon l'article 146 de la *Loi constitutionnelle de 1867*, aux termes des *Conditions de l'adhésion de l'Île-du-Prince-Édouard*, décret en conseil du 26 juin 1873, applicable à compter du 1ᵉʳ juillet 1873.

Le 29 juin 1871, le Parlement du Royaume-Uni édictait la *Loi constitutionnelle de 1871*, 34-35 Victoria, ch. 28, autorisant la création de provinces additionnelles sur des territoires non compris dans une province. En conformité avec cette loi, le Parlement du Canada a édicté la *Loi sur l'Alberta* (20 juillet 1905, 4-5 Édouard VII, ch. 3) et la *Loi sur la Saskatchewan* (20 juillet 1905, 4-5 Édouard VII, ch. 42), lesquelles prévoyaient la création des provinces d'Alberta et de la Saskatchewan, respectivement. Ces deux lois sont entrées en vigueur le 1ᵉʳ septembre 1905.

Entre-temps, tous les autres territoires et possessions britanniques en Amérique du Nord et les îles y adjacentes, sauf la colonie de Terre-Neuve et ses dépendances, furent admis dans la Confédération canadienne par le *Décret en conseil sur les territoires adjacents* du 31 juillet 1880.

Le Parlement du Canada a ajouté, en 1912, des parties des Territoires du Nord-Ouest aux provinces contiguës, par application de la *Loi de l'extension des frontières de l'Ontario*, 2 George V, ch. 40, de la *Loi de l'extension des frontières de Québec, 1912*, 2 George V, ch. 45, et de la *Loi de l'extension des frontières du Manitoba, 1912*, 2 George V, ch. 32. La *Loi du prolongement des frontières du Manitoba, 1930*, 20-21 George V, ch. 28, apporta de nouvelles additions au Manitoba.

Le territoire du Yukon fut détaché des Territoires du Nord-Ouest, en 1898, par l'*Acte du Territoire du Yukon*, 61 Victoria, ch. 6.

Le 31 mars 1949, Terre-Neuve était ajoutée en vertu de la *Loi sur Terre-Neuve*, 12-13 George VI, ch. 22 (R.-U.), qui ratifiait les Conditions de l'union de Terre-Neuve au Canada.

Le territoire du Nunavut fut détaché des territoires du Nord-Ouest, en 1999, par la *Loi sur le Nunavut*, L.C. 1993, ch. 28.

Recensement décennal

8. Dans le recensement général de la population du Canada qui, en vertu de la présente loi, devra se faire en mil huit cent soixante et onze, et tous les dix ans ensuite, il sera fait une énumération distincte des populations respectives des quatre provinces.

III. POUVOIR EXÉCUTIF

La Reine est investie du pouvoir exécutif

9. À la Reine continueront d'être et sont par la présente attribués le gouvernement et le pouvoir exécutifs du Canada.

Application des dispositions relatives au gouverneur-général

10. Les dispositions de la présente loi relatives au gouverneur général s'étendent et s'appliquent au gouverneur général du Canada, ou à tout autre Chef Exécutif ou Administrateur pour le temps d'alors, administrant le gouvernement du Canada au nom de la Reine, quel que soit le titre sous lequel il puisse être désigné.

Constitution du conseil privé

11. Il y aura, pour aider et aviser, dans l'administration du gouvernement du Canada, un conseil dénommé le Conseil Privé de la Reine pour le Canada; les personnes qui formeront partie de ce conseil seront, de temps à autre, choisies et mandées par le Gouverneur-Général et assermentées comme Conseillers Privés; les membres de ce conseil pourront, de temps à autre, être révoqués par le gouverneur-général.

Pouvoirs conférés au gouverneur-général, en conseil ou seul

12. Tous les pouvoirs, attributions et fonctions qui,—par une loi du parlement de la Grande-Bretagne, ou du parlement du Royaume-Uni de la Grande-Bretagne et d'Irlande, ou de la législature du Haut-Canada, du Bas-Canada, du Canada, de la Nouvelle-Écosse ou du Nouveau-Brunswick, lors de l'union,—sont conférés aux gouverneurs ou lieutenants-gouverneurs respectifs de ces provinces ou peuvent être par eux exercés, de l'avis ou de l'avis et du consentement des conseils exécutifs de ces provinces, ou avec la coopération de ces conseils, ou d'aucun nombre de membres de ces conseils, ou par ces gouverneurs ou lieutenants-gouverneurs individuellement, seront,—en tant qu'ils continueront d'exister et qu'ils pourront être exercés, après l'union, relativement au gouvernement du Canada,—conférés au gouverneur-général et pourront être par lui exercés, de l'avis ou de l'avis et du consentement ou avec la coopération du Conseil Privé de la Reine pour le Canada ou d'aucun de ses membres, ou par le gouverneur-général individuellement, selon le cas; mais ils pourront, néanmoins (sauf ceux existant en vertu de lois de la Grande-Bretagne ou du parlement du

Royaume-Uni de la Grande-Bretagne et d'Irlande), être révoqués ou modifiés par le parlement du Canada. (7)

Application des dispositions
relatives au gouverneur-général en
conseil

13. Les dispositions de la présente loi relatives au gouverneur-général en conseil seront interprétées de manière à s'appliquer au gouverneur-général agissant de l'avis du Conseil Privé de la Reine pour le Canada.

Le gouverneur-général autorisé à
s'adjoindre des députés

14. Il sera loisible à la Reine, si Sa Majesté le juge à propos, d'autoriser le gouverneur-général à nommer, de temps à autre, une ou plusieurs personnes, conjointement ou séparément, pour agir comme son ou ses députés dans aucune partie ou parties du Canada, pour, en cette capacité, exercer, durant le plaisir du gouverneur-général, les pouvoirs, attributions et fonctions du gouverneur-général, que le gouverneur-général jugera à propos ou nécessaire de lui ou leur assigner, sujet aux restrictions ou instructions formulées ou communiquées par la Reine; mais la nomination de tel député ou députés ne pourra empêcher le gouverneur-général lui-même d'exercer les pouvoirs, attributions ou fonctions qui lui sont conférés.

Commandement des armées

15. À la Reine continuera d'être et est par la présente attribué le commandement en chef des milices de terre et de mer et de toutes les forces militaires et navales en Canada.

Siège du gouvernement du Canada

16. Jusqu'à ce qu'il plaise à la Reine d'en ordonner autrement, Ottawa sera le siège du gouvernement du Canada.

IV. POUVOIR LÉGISLATIF

Constitution du parlement du
Canada

17. Il y aura, pour le Canada, un parlement qui sera composé de la Reine, d'une chambre haute appelée le Sénat, et de la Chambre des Communes.

Privilèges etc., des chambres

18. Les privilèges, immunités et pouvoirs que posséderont et exerceront le Sénat et la Chambre des Communes et les membres de ces corps respectifs, seront ceux prescrits de temps à autre par loi du Parlement du Canada; mais de manière à ce qu'aucune loi du Parlement du Canada définissant tels privilèges, immunités et pouvoirs ne donnera aucuns privilèges, immunités ou pouvoirs

---

(7) Voir la note relative à l'article 129, *infra.*

excédant ceux qui, lors de la passation de la présente loi, sont possédés et exercés par la Chambre des Communes du Parlement du Royaume-Uni de la Grande-Bretagne et d'Irlande et par les membres de cette Chambre. (8)

Première session du parlement

19. Le parlement du Canada sera convoqué dans un délai de pas plus de six mois après l'union. (9)

20. Abrogé. (10)

Le Sénat

Nombre de sénateurs

21. Sujet aux dispositions de la présente loi, le Sénat se composera de cent cinq membres, qui seront appelés sénateurs. (11)

---

(8) Abrogé et remplacé par la *Loi de 1875 sur le Parlement du Canada*, **38-39 Victoria, ch. 38 (R.-U.). Texte de l'article original :**

> **18.** Les privilèges, immunités et pouvoirs que posséderont et exerceront le Sénat, la Chambre des Communes et les membres de ces corps respectifs, seront ceux prescrits de temps à autre par acte du parlement du Canada; ils ne devront cependant jamais excéder ceux possédés et exercés, lors de la passation du présent acte, par la chambre des communes du parlement du Royaume-Uni de la Grande-Bretagne et d'Irlande et par les membres de cette chambre.

(9) Périmé. La première session du premier Parlement débuta le 6 novembre 1867.

(10) Texte de l'article 20, abrogé par la *Loi constitutionnelle de 1982* **:**

> **20.** Il y aura une session du parlement du Canada une fois au moins chaque année, de manière qu'il ne s'écoule pas un intervalle de douze mois entre la dernière séance d'une session du parlement et sa première séance dans la session suivante.

L'article 20 a été remplacé par l'article 5 de la *Loi constitutionnelle de 1982* **qui prévoit que le Parlement et les législatures tiennent une séance au moins une fois tous les douze mois.**

(11) Modifié par la *Loi constitutionnelle de 1915*, **5-6 George V, ch. 45 (R.-U.), la** *Loi sur Terre-Neuve*, **12-13 George VI, ch. 22 (R.-U.), la** *Loi constitutionnelle n° 2 de 1975*, **S.C. 1974-75-76, ch. 53 et la** *Loi constitutionnelle de 1999 (Nunavut)*, **L.C. 1998, ch. 15, partie 2. Texte de l'article original :**

> **21.** Sujet aux dispositions de la présente loi, le Sénat se composera de soixante-douze membres, qui seront appelés sénateurs.

La *Loi de 1870 sur le Manitoba* **en a ajouté deux pour cette province; les** *Conditions de l'adhésion de la Colombie-Britannique* **en ont ajouté trois; lors de l'admission de l'Île-du-Prince-Édouard, quatre autres postes de sénateurs furent ajoutés aux termes de l'article 147 de la** *Loi constitutionnelle de 1867*; **la** *Loi sur l'Alberta* **et la** *Loi sur la Saskatchewan* **en ont chacune ajouté quatre. Le nombre des sénateurs fut porté à quatre-vingt-seize par la** *Loi constitutionnelle de 1915*. **L'Union avec Terre-Neuve en a ajouté six autres et la** *Loi constitutionnelle n° 2 de 1975* **a ajouté un sénateur pour le territoire du Yukon et un pour les Territoires du Nord-Ouest. La** *Loi constitutionnelle de 1999 (Nunavut)* **a ajouté un sénateur pour le territoire du Nunavut.**

Représentation des provinces au
Sénat

22. En ce qui concerne la composition du Sénat, le Canada sera censé comprendre quatre divisions :

1. Ontario;

2. Québec;

3. les provinces Maritimes—la Nouvelle-Écosse et le Nouveau-Brunswick—ainsi que l'Île-du-Prince-Édouard;

4. les provinces de l'Ouest : le Manitoba, la Colombie-Britannique, la Saskatchewan et l'Alberta;

les quatre divisions doivent (subordonnément aux révisions de la présente loi) être également représentées dans le Sénat, ainsi qu'il suit :—Ontario par vingt-quatre sénateurs; Québec par vingt-quatre sénateurs; les Provinces maritimes et l'Île-du-Prince-Édouard par vingt-quatre sénateurs, dont dix représentent la Nouvelle-Écosse, dix le Nouveau-Brunswick, et quatre l'Île-du-Prince-Édouard; les Provinces de l'Ouest par vingt-quatre sénateurs, dont six représentent le Manitoba, six la Colombie-Britannique, six la Saskatchewan et six l'Alberta; la province de Terre-Neuve aura droit d'être représentée au Sénat par six sénateurs; le territoire du Yukon et les territoires du Nord-Ouest ont le droit d'être représentés au Sénat par un sénateur chacun.

En ce qui concerne la province de Québec, chacun des vingt-quatre sénateurs la représentant, sera nommé pour l'un des vingt-quatre collèges électoraux du Bas-Canada énumérés dans la cédule A, annexée au chapitre premier des statuts refondus du Canada. (12)

Qualités exigées des sénateurs

23. Les qualifications d'un sénateur seront comme suit :

1. Il devra être âgé de trente ans révolus;

---

(12) Modifié par la *Loi constitutionnelle de 1915*, 5-6 George V, ch. 45 (R.-U.), la *Loi sur Terre-Neuve*, 12-13 George VI, ch. 22 (R.-U.) et la *Loi constitutionnelle n° 2 de 1975*, S.C. 1974-75-76, ch. 53. Texte de l'article original :

22. En ce qui concerne la composition du Sénat, le Canada sera censé comprendre trois divisions :

1. Ontario;

2. Québec;

3. Les Provinces Maritimes, la Nouvelle-Écosse et le Nouveau-Brunswick.

Ces trois divisions seront, sujettes aux dispositions du présent acte, également représentées dans le Sénat, comme suit : Ontario par vingt-quatre sénateurs; Québec par vingt-quatre sénateurs; et les Provinces Maritimes par vingt-quatre sénateurs, douze desquels représenteront la Nouvelle-Écosse, et douze le Nouveau-Brunswick.

En ce qui concerne la province de Québec, chacun des vingt-quatre sénateurs la représentant sera nommé pour l'un des vingt-quatre collèges électoraux du Bas-Canada énumérés dans l'annexe A, au chapitre premier des Statuts revisés du Canada.

2. Il devra être sujet-né de la Reine, ou sujet de la Reine naturalisé par loi du parlement de la Grande-Bretagne, ou du parlement du Royaume-Uni de la Grande-Bretagne et d'Irlande, ou de la législature de l'une des provinces du Haut-Canada, du Bas-Canada, du Canada, de la Nouvelle-Écosse, ou du Nouveau-Brunswick, avant l'union, ou du parlement du Canada, après l'union;

3. Il devra posséder, pour son propre usage et bénéfice, comme propriétaire en droit ou en équité, des terres ou tenements tenus en franc et commun socage,—ou être en bonne saisine ou possession, pour son propre usage et bénéfice, de terres ou tenements tenus en franc-alleu ou en roture dans la province pour laquelle il est nommé, de la valeur de quatre mille piastres en sus de toutes rentes, dettes, charges, hypothèques et redevances qui peuvent être attachées, dues et payables sur ces immeubles ou auxquelles ils peuvent être affectés;

4. Ses propriétés mobilières et immobilières devront valoir, somme toute, quatre mille piastres, en sus de toutes ses dettes et obligations;

5. Il devra être domicilié dans la province pour laquelle il est nommé;

6. En ce qui concerne la province de Québec, il devra être domicilié ou posséder sa qualification foncière dans le collège électoral dont la représentation lui est assignée. (13)

Nomination des sénateurs

24. Le gouverneur-général mandera de temps à autre au Sénat, au nom de la Reine et par instrument sous le grand sceau du Canada, des personnes ayant les qualifications voulues; et, sujettes aux dispositions de la présente loi, les personnes ainsi mandées deviendront et seront membres du Sénat et sénateurs.

25. Abrogé. (14)

---

(13) L'article 44 de la *Loi constitutionnelle de 1999 (Nunavut)*, L.C. 1998, ch. 15, partie 2, déclare que pour l'application de la présente partie (qui ajoute un sénateur pour le territoire du Nunavut), le terme «province» a, à l'article 23 de la *Loi constitutionnelle de 1867*, le même sens que dans l'article 35 de la *Loi d'interprétation*, L.R.C. (1985), ch. I-21, qui prévoit que le terme «province» signifie : «province du Canada, ainsi que le territoire du Yukon, les Territoires du Nord-Ouest et le territoire du Nunavut».

L'article 2 de la *Loi constitutionnelle n° 2 de 1975*, S.C. 1974-75-76, ch. 53, déclare que pour l'application de cette loi (qui ajoute un sénateur chacun pour le territoire du Yukon et les Territoires du Nord-Ouest), le terme «province» a, à l'article 23 de la *Loi constitutionnelle de 1867*, le même sens que dans l'article 28 de la *Loi d'interprétation*, L.R.C. (1970), ch. I-23, qui prévoit que le terme «province» signifie : «province du Canada, ainsi que le territoire du Yukon et les Territoires du Nord-Ouest».

(14) Abrogé par la *Loi de 1893 sur la revision du droit statutaire*, 56-57 Victoria, ch. 14 (R. -U.). Texte de l'article original :

9

Nombre de sénateurs augmenté en
certains cas

26. Si en aucun temps, sur la recommandation du gouverneur-général, la Reine juge à propos d'ordonner que quatre ou huit membres soient ajoutés au Sénat, le gouverneur-général pourra, par mandat adressé à quatre ou huit personnes (selon le cas) ayant les qualifications voulues, représentant également les quatre divisions du Canada, les ajouter au Sénat. (15)

Réduction du Sénat au nombre
régulier

27. Dans le cas où le nombre des sénateurs serait ainsi en aucun temps augmenté, le gouverneur-général ne mandera aucune personne au Sénat, sauf sur pareil ordre de la Reine donné à la suite de la même recommandation, tant que la représentation de chacune des quatre divisions du Canada ne sera pas revenue au nombre fixe de vingt-quatre sénateurs. (16)

Maximum du nombre des sénateurs

28. Le nombre des sénateurs ne devra en aucun temps excéder cent treize. (17)

Sénateurs nommés à vie

29. (1) Sous réserve du paragraphe (2), un sénateur occupe sa place au Sénat sa vie durant, sauf les dispositions de la présente loi.

---

25. Les premières personnes appelées au Sénat seront celles que la Reine, par mandat sous le seing manuel de Sa Majesté, jugera à propos de désigner, et leurs noms seront insérés dans la proclamation de la Reine décrétant l'union.

(15) Tel que modifié par la *Loi constitutionnelle de 1915*, 5-6 George V, ch. 45 (R.-U.). Texte de l'article original :

26. Si en aucun temps, sur la recommandation du gouverneur général, la Reine juge à propos d'ordonner que trois ou six membres soient ajoutés au Sénat, le gouverneur général pourra par mandat adressé à trois ou six personnes (selon le cas) ayant les qualifications voulues, représentant également les trois divisions du Canada les ajouter au Sénat.

(16) Tel que modifié par la *Loi constitutionnelle de 1915*, 5-6 George V, ch. 45 (R.-U.). Texte de l'article original :

27. Dans le cas où le nombre des sénateurs serait ainsi en aucun temps augmenté, le gouverneur-général ne mandera aucune personne au Sénat, sauf sur pareil ordre de la Reine donné à la suite de la même recommandation, tant que la représentation de chacune des trois divisions du Canada ne sera pas revenue au nombre fixe de vingt-quatre sénateurs.

(17) Tel que modifié par la *Loi constitutionnelle de 1915*, 5-6 George V, ch. 45 (R.-U.), la *Loi constitutionnelle n° 2 de 1975*, S.C. 1974-75-76, ch. 53 et la *Loi constitutionnelle de 1999 (Nunavut)*, L.C. 1998, ch. 15, partie 2. Texte de l'article original :

28. Le nombre des sénateurs ne devra en aucun temps excéder soixante-dix-huit.

Retraite à l'âge de soixante-quinze
ans

(2) Un sénateur qui est nommé au Sénat après l'entrée en vigueur du présent paragraphe occupe sa place au Sénat, sous réserve de la présente loi, jusqu'à ce qu'il atteigne l'âge de soixante-quinze ans. (18)

Les sénateurs peuvent se démettre
de leurs fonctions

30. Un sénateur pourra, par écrit revêtu de son seing et adressé au gouverneur-général, se démettre de ses fonctions au Sénat, après quoi son siège deviendra vacant.

Cas dans lesquels les sièges des
sénateurs deviendront vacants

31. Le siège d'un sénateur deviendra vacant dans chacun des cas suivants :

1. Si, durant deux sessions consécutives du parlement, il manque d'assister aux séances du Sénat;

2. S'il prête un serment, ou souscrit une déclaration ou reconnaissance d'allégeance, obéissance ou attachement à une puissance étrangère, ou s'il accomplit un acte qui le rend sujet ou citoyen, ou lui confère les droits et les privilèges d'un sujet ou citoyen d'une puissance étrangère;

3. S'il est déclaré en état de banqueroute ou de faillite, ou s'il a recours au bénéfice d'aucune loi concernant les faillis, ou s'il se rend coupable de concussion;

4. S'il est atteint de trahison ou convaincu de félonie, ou d'aucun crime infamant;

5. S'il cesse de posséder la qualification reposant sur la propriété ou le domicile; mais un sénateur ne sera pas réputé avoir perdu la qualification reposant sur le domicile par le seul fait de sa résidence au siège du gouvernement du Canada pendant qu'il occupe sous ce gouvernement une charge qui y exige sa présence.

Nomination en cas de vacance

32. Quand un siège deviendra vacant au Sénat par démission, décès ou toute autre cause, le gouverneur-général remplira la vacance en adressant un mandat à quelque personne capable et ayant les qualifications voulues.

---

(18) Tel qu'édicté par la *Loi constitutionnelle de 1965*, S.C. 1965, ch. 4, entrée en vigueur le 1er juin 1965. Texte de l'article original :

> **29.** Sujet aux dispositions du présent acte, le sénateur occupera sa charge dans le Sénat, à vie.

Questions quant aux qualifications
et vacances, etc.

33. S'il s'élève quelque question au sujet des qualifications d'un sénateur ou d'une vacance dans le Sénat, cette question sera entendue et décidée par le Sénat.

Orateur du Sénat

34. Le gouverneur-général pourra, de temps à autre, par instrument sous le grand sceau du Canada, nommer un sénateur comme orateur du Sénat, et le révoquer et en nommer un autre à sa place. (19)

Quorum du Sénat

35. Jusqu'à ce que le parlement du Canada en ordonne autrement, la présence d'au moins quinze sénateurs, y compris l'orateur, sera nécessaire pour constituer une assemblée du Sénat dans l'exercice de ses fonctions.

Votation dans le Sénat

36. Les questions soulevées dans le Sénat seront décidées à la majorité des voix, et dans tous les cas, l'orateur aura voix délibérative; quand les voix seront également partagées, la décision sera considérée comme rendue dans la négative.

La Chambre des Communes

Constitution de la Chambre des
Communes

37. La Chambre des Communes sera, sujette aux dispositions de la présente loi, composée de deux cent quatre-vingt-quinze membres, dont quatre-vingt-dix-neuf représenteront Ontario, soixante-quinze Québec, onze la Nouvelle-Écosse, dix le Nouveau-Brunswick, quatorze le Manitoba, trente-deux la Colombie-Britannique, quatre l'Île-du-Prince-Édouard, vingt-six l'Alberta, quatorze la Saskatchewan, sept Terre-Neuve, un le territoire du Yukon et deux les territoires du Nord-Ouest. (20)

---

(19) La *Loi sur le Parlement du Canada*, L.R.C. (1985), ch. P-1, partie II, pourvoit à l'exercice des fonctions du président du Sénat durant son absence (autrefois prévu dans la *Loi sur le président du Sénat*, S.R.C. 1970, ch. S-14). L'*Acte concernant l'Orateur canadien (nomination d'un suppléant) 1895*, 2e session, 59 Victoria, ch. 3 (R.-U.), qui a été abrogé par la *Loi constitutionnelle de 1982*, a dissipé les doutes qui existaient sur la compétence du Parlement pour édicter la *Loi sur le président du Sénat*.

(20) Cette répartition découle de l'application de l'article 51 édicté par la *Loi constitutionnelle de 1985 (représentation électorale)*, L.C. 1986, ch. 8, partie I, et de la *Loi sur la révision des limites des circonscriptions électorales*, L.R.C. (1985), ch. E-3. Texte de l'article original (modifié par suite de l'admission de nouvelles provinces et de changements démographiques) :

37. La Chambre des Communes sera, sujette aux dispositions de la présente loi, composée de cent quatre-vingt-un membres, dont quatre-vingt-deux représenteront

Convocation de la Chambre des
Communes

38. Le gouverneur-général convoquera, de temps à autre, la Chambre des Communes au nom de la Reine, par instrument sous le grand sceau du Canada.

Exclusion des sénateurs de la
Chambre des Communes

39. Un sénateur ne pourra ni être élu, ni siéger, ni voter comme membre de la Chambre des Communes.

Districts électoraux des quatre
provinces

40. Jusqu'à ce que le parlement du Canada en ordonne autrement, les provinces d'Ontario, de Québec, de la Nouvelle-Écosse et du Nouveau-Brunswick seront,—en ce qui concerne l'élection des membres de la Chambre des Communes,—divisées en districts électoraux comme suit :

1. ONTARIO

La province d'Ontario sera partagée en comtés, divisions de comtés (*Ridings*), cités, parties de cités et villes tels qu'énumérés dans la première annexe de la présente loi; chacune de ces divisions formera un district électoral, et chaque district désigné dans cette annexe aura droit d'élire un membre.

2. QUÉBEC

La province de Québec sera partagée en soixante-cinq districts électoraux, comprenant les soixante-cinq divisions électorales en lesquelles le Bas-Canada est actuellement divisé en vertu du chapitre deuxième des Statuts Refondus du Canada, du chapitre soixante-quinze des Statuts Refondus pour le Bas-Canada, et de l'acte de la province du Canada de la vingt-troisième année du règne de Sa Majesté la Reine, chapitre premier, ou de toute autre loi les amendant et en force à l'époque de l'union, de telle manière que chaque division électorale constitue, pour les fins de la présente loi, un district électoral ayant droit d'élire un membre.

3. NOUVELLE-ÉCOSSE

Chacun des dix-huit comtés de la Nouvelle-Écosse formera un district électoral. Le comté d'Halifax aura droit d'élire deux membres, et chacun des autres comtés, un membre.

4. NOUVEAU-BRUNSWICK

Chacun des quatorze comtés dont se compose le Nouveau-Brunswick, y compris la cité et le comté de St. Jean, formera un district électoral. La cité de

---

Ontario, soixante-et-cinq Québec, dix-neuf la Nouvelle-Écosse et quinze le Nouveau-Brunswick.

St. Jean constituera également un district électoral par elle-même. Chacun de ces quinze districts électoraux aura droit d'élire un membre. (21)

Continuation des lois actuelles
d'élection

41. Jusqu'à ce que le parlement du Canada en ordonne autrement,— toutes les lois en force dans les diverses provinces, à l'époque de l'union, concernant les questions suivantes ou aucune d'elles, savoir :—l'éligibilité ou l'inéligibilité des candidats ou des membres de la chambre d'assemblée ou assemblée législative dans les diverses provinces,—les votants aux élections de ces membres,—les serments exigés des votants,—les officiers-rapporteurs, leurs pouvoirs et leurs devoirs,—le mode de procéder aux élections,—le temps que celles-ci peuvent durer,—la décision des élections contestées et les procédures y incidentes,—les vacations des sièges en parlement et l'exécution de nouveaux brefs dans les cas de vacations occasionnées par d'autres causes que la dissolution,—s'appliqueront respectivement aux élections des membres envoyés à la Chambre des Communes par ces diverses provinces.

Mais, jusqu'à ce que le parlement du Canada en ordonne autrement, à chaque élection d'un membre de la Chambre des Communes pour le district d'Algoma, outre les personnes ayant droit de vote en vertu de la loi de la province du Canada, tout sujet anglais du sexe masculin, âgé de vingt-et-un ans ou plus et tenant feu et lieu, aura droit de vote. (22)

42. Abrogé. (23)

43. Abrogé. (24)

---

(21) Périmé. Les circonscriptions électorales sont maintenant définies par proclamations prises en application de la *Loi sur la révision des limites des circonscriptions électorales*, L.R.C. (1985), ch. E-3, et ses modifications portant sur diverses circonscriptions (voir le dernier *Tableau des lois d'intérêt public et des ministres responsables*).

(22) Périmé. Les élections sont maintenant régies par la *Loi électorale du Canada*, L.C. 2000, ch. 9; les conditions requises pour être député et sénateur, par la *Loi sur le Parlement du Canada*, L.R.C. (1985), ch. P-1. L'article 3 de la *Loi constitutionnelle de 1982* prévoit le droit pour les citoyens de voter et d'être élus.

(23) Abrogé par la *Loi de 1893 sur la revision du droit statutaire*, 56-57 Victoria, ch. 14 (R. -U.). Texte de l'article original :

> **42.** Pour la première élection des membres de la Chambre des Communes, le gouverneur-général fera émettre les brefs par telle personne et selon telle forme qu'il jugera à propos et les fera adresser aux officiers-rapporteurs qu'il désignera.
>
> La personne émettant les brefs, sous l'autorité du présent article, aura les mêmes pouvoirs que possédaient, à l'époque de l'union, les officiers chargés d'émettre les brefs pour l'élection des membres de la Chambre d'Assemblée ou Assemblée Législative de la province du Canada, de la Nouvelle-Écosse ou du Nouveau-Brunswick; et les officiers-rapporteurs auxquels ces brefs seront adressés en vertu du présent article, auront les mêmes pouvoirs que possédaient, à l'époque de l'union, les officiers chargés de rapporter les brefs pour l'élection des membres de la Chambre d'Assemblée ou Assemblée Législative respectivement.

(24) Abrogé par la *Loi de 1893 sur la revision du droit statutaire*, 56-57 Victoria, ch. 14 (R. -U.). Texte de l'article original :

Orateur de la Chambre des
Communes

44. La Chambre des Communes, à sa première réunion après une élection générale, procédera, avec toute la diligence possible, à l'élection de l'un de ses membres comme orateur.

Quand la charge d'orateur deviendra
vacante

45. Survenant une vacance dans la charge d'orateur, par décès, démission ou autre cause, la Chambre des Communes procédera, avec toute la diligence possible, à l'élection d'un autre de ses membres comme orateur.

L'orateur exerce la présidence

46. L'orateur présidera à toutes les séances de la Chambre des Communes.

Pourvu au cas de l'absence de
l'orateur

47. Jusqu'à ce que le parlement du Canada en ordonne autrement,—si l'orateur, pour une raison quelconque, quitte le fauteuil de la Chambre des Communes pendant quarante-huit heures consécutives, la chambre pourra élire un autre de ses membres pour agir comme orateur; le membre ainsi élu aura et exercera, durant l'absence de l'orateur, tous les pouvoirs, privilèges et attributions de ce dernier. (25)

Quorum de la Chambre des
Communes

48. La présence d'au moins vingt membres de la Chambre des Communes sera nécessaire pour constituer une assemblée de la chambre dans l'exercice de ses pouvoirs; à cette fin, l'orateur sera compté comme un membre.

Votation dans la Chambre des
Communes

49. Les questions soulevées dans la Chambre des Communes seront décidées à la majorité des voix, sauf celle de l'orateur, mais lorsque les voix seront également partagées,—et en ce cas seulement,—l'orateur pourra voter.

---

43. Survenant une vacance dans la représentation d'un district électoral à la Chambre des Communes, antérieurement à la réunion du parlement, ou subséquemment à la réunion du parlement, mais avant que le parlement ait statué à cet égard, les dispositions de l'article précédent du présent acte s'étendront et s'appliqueront à l'émission et au rapport du bref relativement au district dont la représentation est ainsi vacante.

(25) La *Loi sur le Parlement du Canada*, L.R.C. (1985), ch. P-1, partie III, prévoit maintenant l'exercice des fonctions du président (ancien titre : orateur) durant son absence.

Durée de la Chambre des
Communes

50. La durée de la Chambre des Communes ne sera que de cinq ans, à compter du jour du rapport des brefs d'élection, à moins qu'elle ne soit plus tôt dissoute par le gouverneur-général. (26)

Révisions électorales

51. (1) À l'entrée en vigueur du présent paragraphe et, par la suite, à l'issue de chaque recensement décennal, il est procédé à la révision du nombre des députés et de la représentation des provinces à la Chambre des communes selon les pouvoirs conférés et les modalités de temps ou autres fixées en tant que de besoin par le Parlement du Canada, compte tenu des règles suivantes :

Règles

1. Il est attribué à chaque province le nombre de députés résultant de la division du chiffre de sa population par le quotient du chiffre total de la population des provinces et de deux cent soixante-dix-neuf, les résultats dont la partie décimale dépasse 0,50 étant arrondis à l'unité supérieure.

2. Le nombre total des députés d'une province demeure inchangé par rapport à la représentation qu'elle avait à la date d'entrée en vigueur du présent paragraphe si l'application de la règle 1 lui attribue un nombre inférieur à cette représentation. (27)

---

(26) Le mandat de la douzième législature a été prolongé par l'*Acte de l'Amérique du Nord britannique, 1916*, 6-7 George V, ch. 19 (R.-U.) qui a été abrogé par la *Loi de 1927 sur la revision du droit statutaire*, 17-18 George V, ch. 42 (R.-U.). Voir également le paragraphe 4(1) de la *Loi constitutionnelle de 1982* qui prévoit que le mandat maximal de la Chambre des communes est de cinq ans à compter de la date fixée pour le retour des brefs relatifs aux élections générales correspondantes, et le paragraphe 4(2) de cette loi qui prévoit que le mandat de la Chambre des communes peut être prolongé dans des circonstances spéciales.

(27) Tel qu'édicté par la *Loi constitutionnelle de 1985 (représentation électorale)*, L.C. 1986, ch. 8, partie I, entrée en vigueur le 6 mars 1986 (voir TR/86-49). Texte de l'article original :

> 51. Immédiatement après le recensement de mil huit cent soixante-et-onze, et après chaque autre recensement décennal, la représentation des quatre provinces sera répartie de nouveau par telle autorité, de telle manière et à dater de telle époque que pourra, de temps à autre, prescrire le parlement du Canada, d'après les règles suivantes :
>
> 1. Québec aura le nombre fixe de soixante-cinq représentants;
>
> 2. Il sera assigné à chacune des autres provinces un nombre de représentants proportionné au chiffre de sa population (constaté par tel recensement) comme le nombre soixante-cinq le sera au chiffre de la population de Québec (ainsi constaté);
>
> 3. En supputant le nombre des représentants d'une province, il ne sera pas tenu compte d'une fraction n'excédant pas la moitié du nombre total nécessaire pour donner à la province droit à un représentant; mais toute fraction excédant la moitié de ce nombre équivaudra au nombre entier;
>
> 4. Lors de chaque nouvelle répartition, nulle réduction n'aura lieu dans le nombre des représentants d'une province, à moins qu'il ne soit constaté par le dernier recensement que le chiffre de la population de la province par rapport au chiffre de la population totale du

Canada à l'époque de la dernière répartition du nombre des représentants de la province, n'ait décru dans la proportion d'un vingtième ou plus;

5. Les nouvelles répartitions n'auront d'effet qu'à compter de l'expiration du parlement alors existant.

La *Loi de 1893 sur la revision du droit statutaire*, 56-57 Victoria, ch. 14 (R.-U.), a modifié cet article en retranchant les mots qui suivent «après le recensement» jusqu'à «soixante et onze et», ainsi que le mot «autre».

En vertu de l'*Acte de l'Amérique du Nord britannique, 1943*, 6-7 George VI, ch. 30 (R.-U.), qui a été abrogé par la *Loi constitutionnelle de 1982*, le rajustement de la représentation consécutif au recensement de 1941 a été renvoyé à la première session du Parlement postérieure à la guerre. Dans l'*Acte de l'Amérique du Nord britannique, 1946*, 9-10 George VI, ch. 63 (R.-U.), qui a également été abrogé par la *Loi constitutionnelle de 1982*, l'article a été réédicté comme suit :

51. (1) Le nombre des membres de la Chambre des Communes est de deux cent cinquante-cinq et la représentation des provinces à ladite Chambre doit, dès l'entrée en vigueur du présent article et, par la suite, sur l'achèvement de chaque recensement décennal, être rajustée par l'autorité, de la manière et à compter de l'époque que le Parlement du Canada prévoit à l'occasion, sous réserve et en conformité des règles suivantes :

1. Sous réserve des dispositions ci-après, il est attribué à chacune des provinces un nombre de députés calculé en divisant la population totale des provinces par deux cent cinquante-quatre et en divisant la population de chaque province par le quotient ainsi obtenu, abstraction faite, sauf ce qui est prévu ci-après au présent article, du reste (s'il en est) consécutif à ladite méthode de division.

2. Si le nombre total des députés attribué à toutes les provinces en vertu de la règle 1 est inférieur à deux cent cinquante-quatre, d'autres députés seront attribués (à raison d'un par province) aux provinces qui ont des quantités restantes dans le calcul visé par la règle 1, en commençant par la province possédant le reste le plus considérable et en continuant avec les autres provinces par ordre d'importance de leurs quantités restantes respectives jusqu'à ce que le nombre total de députés attribué atteigne deux cent cinquante-quatre.

3. Nonobstant toute disposition du présent article, si, une fois achevé le calcul prévu par les règles 1 et 2, le nombre de députés à attribuer à une province est inférieur au nombre de sénateurs représentant ladite province, les règles 1 et 2 cesseront de s'appliquer à l'égard de ladite province, et il lui sera attribué un nombre de députés égal audit nombre de sénateurs.

4. Si les règles 1 et 2 cessent de s'appliquer à l'égard d'une province, alors, pour le calcul du nombre de députés à attribuer aux provinces concernant lesquelles les règles 1 et 2 demeurent applicables, la population totale des provinces doit être réduite du chiffre de la population de la province à l'égard de laquelle les règles 1 et 2 ne s'appliquent plus, et le nombre deux cent cinquante-quatre doit être réduit du nombre de députés attribué à cette province sous le régime de la règle 3.

5. Ce rajustement n'entrera en vigueur qu'à la fin du Parlement alors existant.

(2) Le territoire du Yukon, tel qu'il a été constitué par le chapitre quarante et un du Statut du Canada de 1901, avec toute partie du Canada non comprise dans une province qui peut, à l'occasion, y être incluse par le Parlement du Canada aux fins de représentation au Parlement, a droit à un député.

Dans l'*Acte de l'Amérique du Nord britannique, 1952*, S.C. 1952, ch. 15, qui a également été abrogé par la *Loi constitutionnelle de 1982*, cet article a été réédicté comme suit :

51. (1) Sous réserve des dispositions ci-après énoncées, le nombre des membres de la Chambre des Communes est de deux cent soixante-trois et la représentation des provinces à ladite Chambre doit, dès l'entrée en vigueur du présent article et, par la suite, sur l'achèvement de chaque recensement décennal, être rajustée par l'autorité, de la manière et à compter de l'époque que le Parlement du Canada prévoit à l'occasion, sous réserve et en conformité des règles suivantes :

1. Il est attribué à chacune des provinces un nombre de députés calculé en divisant la population totale des provinces par deux cent soixante et un et en divisant la population de chaque province par le quotient ainsi obtenu, abstraction faite du reste qui pourrait être consécutif à ladite méthode de division, sauf ce qui est prévu ci-après dans le présent article.

2. Si le nombre total de députés attribué à toutes les provinces en vertu de la règle 1 est inférieur à deux cent soixante et un, d'autres députés seront attribués (un par province) aux provinces qui ont des quantités restantes dans le calcul visé par la règle 1, en commençant par la province possédant le reste le plus considérable et en continuant avec les autres provinces par ordre d'importance de leurs quantités restantes jusqu'à ce que le nombre total de députés attribué atteigne deux cent soixante et un.

3. Nonobstant toute disposition du présent article, si, une fois achevé le calcul prévu par les règles 1 et 2, le nombre de députés à attribuer à une province est inférieur au nombre de sénateurs représentant ladite province, les règles 1 et 2 cesseront de s'appliquer à l'égard de ladite province, et il lui sera attribué un nombre de députés égal audit nombre de sénateurs.

4. Si les règles 1 et 2 cessent de s'appliquer à l'égard d'une province, alors, en vue du calcul du nombre de députés à attribuer aux provinces pour lesquelles les règles 1 et 2 demeurent applicables, la population totale des provinces doit être réduite du chiffre de la population de la province à l'égard de laquelle les règles 1 et 2 ne s'appliquent plus, et le nombre deux cent soixante et un doit être réduit du nombre de députés attribué à cette province en vertu de la règle 3.

5. À l'occasion d'un tel rajustement, le nombre des députés d'une province quelconque ne doit pas être réduit de plus de quinze pour cent au-dessous de la représentation à laquelle cette province avait droit, en vertu des règles 1 à 4 du présent paragraphe, lors du rajustement précédent de la représentation de ladite province, et la représentation d'une province ne doit subir aucune réduction qui pourrait lui assigner un plus faible nombre de députés que toute autre province dont la population n'était pas plus considérable d'après les résultats du dernier recensement décennal d'alors. Cependant, aux fins de tout rajustement subséquent de représentation prévu par le présent article, aucune augmentation du nombre de membres de la Chambre des Communes, consécutive à l'application de la présente règle, ne doit être comprise dans le diviseur mentionné aux règles 1 à 4 du présent paragraphe.

6. Ce rajustement ne prendra effet qu'à la fin du Parlement alors existant.

(2) Le territoire du Yukon, tel qu'il a été constitué par le chapitre 41 des Statuts du Canada de 1901, a droit à un député, et telle autre partie du Canada non comprise dans une province qui peut, à l'occasion, être définie par le Parlement du Canada, a droit à un député.

Dans la *Loi constitutionnelle de 1974*, S.C. 1974-75-76, ch. 13, le paragraphe 51(1) a été réédicté comme suit :

51. (1) Le nombre des députés et la représentation des provinces à la Chambre des communes sont rajustés, dès l'entrée en vigueur du présent paragraphe et, par la suite, après chaque recensement décennal, par l'autorité, selon les modalités et à la date prévues par le Parlement du Canada, sous réserve et en conformité des règles suivantes :

1. Par suite du rajustement consécutif au recensement décennal de 1971, sont attribués au Québec soixante-quinze députés, auxquels s'ajouteront quatre députés par rajustement.

2. Sous réserve des règles 5(2) et (3), le nombre des députés d'une province très peuplée s'obtient en divisant le chiffre de sa population par le quotient électoral du Québec.

3. Sous réserve des règles 5(2) et (3), le nombre des députés d'une province peu peuplée s'obtient en divisant

a) le chiffre total de la population, à l'avant-dernier recensement décennal, des provinces (à l'exclusion du Québec) de moins de un million et demi d'habitants, lors de ce recensement, par le nombre total des députés de ces provinces, rajusté après ce recensement; et *b*) le chiffre de la population de la province par le quotient obtenu conformément à l'alinéa *a*).

4. Sous réserve des règles 5(1)*a*), (2) et (3), le nombre des députés d'une province moyennement peuplée s'obtient :

a) en divisant le chiffre total des populations des provinces (à l'exclusion du Québec) de moins de un million et demi d'habitants par le nombre total des députés de ces provinces calculé conformément aux règles 3, 5(1)*b*), (2) et (3);

b) en divisant le chiffre de la population de la province moyennement peuplée par le quotient obtenu conformément à l'alinéa *a*); et

c) en ajoutant, au nombre des députés de la province moyennement peuplée, la moitié de la différence résultant de la soustraction de ce nombre, rajusté après l'avant-dernier recensement décennal, du quotient obtenu conformément à l'alinéa *b*).

5. (1) Lors d'un rajustement,

a) la règle 4 ne s'applique pas si aucune province (à l'exclusion du Québec) n'a moins de un million et demi d'habitants; sous réserve des règles 5(2) et (3), le nombre des députés d'une province moyennement peuplée s'obtient alors en divisant

(i) le chiffre total de la population, à l'avant-dernier recensement décennal, des provinces (à l'exclusion du Québec) de un million et demi à deux millions et demi d'habitants, lors de ce recensement, par le nombre total des députés de ces provinces, rajusté après ce recensement, et

(ii) le chiffre de la population de la province par le quotient obtenu conformément au sous-alinéa (i);

b) le nombre des députés de la province (à l'exclusion du Québec)

(i) de moins d'un million et demi d'habitants, ou

(ii) de un million et demi à deux millions et demi d'habitants,

dont la population n'a pas augmenté depuis l'avant-dernier recensement décennal, demeure sous réserve des règles 5(2) et (3), le nombre rajusté après ce recensement.

(2) Lors d'un rajustement,

a) le nombre des députés d'une province ne peut se calculer selon les règles 2 à 5(1) si, par suite de leur application, il devient inférieur à celui d'une province n'ayant pas plus d'habitants; il est alors égal au nombre des députés le plus élevé que peut avoir une province n'ayant pas plus d'habitants;

b) le nombre des députés d'une province ne peut se calculer selon les règles 2 à 5(1)*a*) si, par suite de leur application, il devient inférieur à celui qu'elle avait après le rajustement consécutif à l'avant-dernier recensement décennal; il demeure alors inchangé;

c) le nombre des députés de la province à laquelle s'appliquent les alinéas *a*) et *b*) est égal au plus élevé des nombres calculés conformément à ces alinéas.

(3) Lors d'un rajustement,

a) le nombre des députés d'une province dont le quotient électoral, obtenu en divisant le chiffre de sa population par le nombre de ses députés calculé conformément aux règles 2 à 5(2), est supérieur à celui du Québec s'obtient, par dérogation à ces règles, en divisant le chiffre de sa population par le quotient électoral du Québec;

b) l'alinéa *a*) cesse de s'appliquer à la province à laquelle, par suite de l'application de la règle 6(2)*a*), il attribue le même nombre de sièges que les règles 2 à 5(2).

6. (1) Dans les présentes règles,

«chiffre de la population» désigne le nombre d'habitants calculé d'après les résultats du dernier recensement décennal, sauf indication contraire;

«province moyennement peuplée» désigne une province (à l'exclusion du Québec) de un million et demi à deux millions et demi d'habitants, dont la population a augmenté depuis l'avant-dernier recensement décennal;

«province peu peuplée» désigne une province (à l'exclusion du Québec) de moins de un million et demi d'habitants, dont la population a augmenté depuis l'avant-dernier recensement décennal;

Yukon, Territoires du Nord-Ouest et
Nunavut

(2) Le territoire du Yukon, les Territoires du Nord-Ouest et le Nunavut, dans les limites et selon la description qu'en donnent respectivement l'annexe du chapitre Y-2 des Lois révisées du Canada (1985), l'article 2 du chapitre N-27 des Lois révisées du Canada (1985), dans sa version modifiée par l'article 77 du chapitre 28 des Lois du Canada de 1993, ainsi que l'article 3 du chapitre 28 des Lois du Canada de 1993, ont droit à un député chacun. (28)

Constitution de la Chambre des
Communes

51A. Nonobstant quoi que ce soit en la présente loi, une province doit toujours avoir droit à un nombre de membres dans la Chambre des Communes non inférieur au nombre de sénateurs représentant cette province. (29)

Augmentation du nombre des
membres de la Chambre des
Communes

52. Le nombre des membres de la Chambre des Communes pourra de temps à autre être augmenté par le parlement du Canada, pourvu que la proportion établie par la présente loi dans la représentation des provinces reste intacte.

«province très peuplée» désigne une province (à l'exclusion du Québec) de plus de deux millions et demi d'habitants;

«quotient électoral» désigne le quotient d'une province obtenu en divisant le chiffre de sa population par le nombre de ses députés calculé conformément aux règles 1 à 5(3) et rajusté après le dernier recensement décennal.

(2) Pour l'application des présentes règles,

a) il n'y a pas lieu de tenir compte du reste lors du calcul définitif du nombre des sièges d'une province;

b) le plus récent rajustement postérieur à un recensement décennal est réputé, dès son entrée en vigueur, être le seul rajustement consécutif à ce recensement;

c) le rajustement ne peut prendre effet qu'à la fin du Parlement alors existant.

(28) Tel qu'édicté par la *Loi constitutionnelle de 1999 (Nunavut)*, L.C. 1998, ch. 15, partie 2. Le paragraphe 51(2) a été modifié antérieurement par la *Loi constitutionnelle n° 1 de 1975*, S.C. 1974-75-76, ch. 28, et était ainsi rédigé :

(2) Le territoire du Yukon et les territoires du Nord-Ouest, dans les limites et selon la description qu'en donnent l'annexe du chapitre Y-2 et l'article 2 du chapitre N-22 des Statuts revisés du Canada de 1970, ont droit respectivement à un et à deux députés.

(29) Tel qu'édicté par la *Loi constitutionnelle de 1915*, 5-6 George V, ch. 45 (R.-U.).

Législation financière; Sanction royale

Bills pour lever des crédits et des
impôts

53. Tout bill ayant pour but l'appropriation d'une portion quelconque du revenu public, ou la création de taxes ou d'impôts, devra originer dans la Chambre des Communes.

Recommandation des crédits

54. Il ne sera pas loisible à la Chambre des Communes d'adopter aucune résolution, adresse ou bill pour l'appropriation d'une partie quelconque du revenu public, ou d'aucune taxe ou impôt, à un objet qui n'aura pas, au préalable, été recommandé à la chambre par un message du gouverneur-général durant la session pendant laquelle telle résolution, adresse ou bill est proposé.

Sanction royale aux bills, etc.

55. Lorsqu'un bill voté par les chambres du parlement sera présenté au gouverneur-général pour la sanction de la Reine, le gouverneur-général devra déclarer à sa discrétion, mais sujet aux dispositions de la présente loi et aux instructions de Sa Majesté, ou qu'il le sanctionne au nom de la Reine, ou qu'il refuse cette sanction, ou qu'il réserve le bill pour la signification du bon plaisir de la Reine.

Désaveu, par ordonnance rendue en
conseil, des lois sanctionnées par le
gouverneur-général

56. Lorsque le gouverneur-général aura donné sa sanction à un bill au nom de la Reine, il devra, à la première occasion favorable, transmettre une copie authentique de la loi à l'un des principaux secrétaires d'État de Sa Majesté; si la Reine en conseil, dans les deux ans après que le secrétaire d'État l'aura reçu, juge à propos de la désavouer, ce désaveu,—accompagné d'un certificat du secrétaire d'État, constatant le jour où il aura reçu la loi—étant signifié par le gouverneur-général, par discours ou message, à chacune des chambres du parlement, ou par proclamation, annulera la loi à compter du jour de telle signification.

Signification du bon plaisir de la
Reine quant aux bills réservés

57. Un bill réservé à la signification du bon plaisir de la Reine n'aura ni force ni effet avant et à moins que dans les deux ans à compter du jour où il aura été présenté au gouverneur-général pour recevoir la sanction de la Reine, ce dernier ne signifie, par discours ou message, à chacune des deux chambres du parlement, ou par proclamation, qu'il a reçu la sanction de la Reine en conseil.

Ces discours, messages ou proclamations, seront consignés dans les journaux de chaque chambre, et un double dûment certifié en sera délivré à l'officier qu'il appartient pour qu'il le dépose parmi les archives du Canada.

V. Constitutions Provinciales

Pouvoir Exécutif

Lieutenants-gouverneurs des
provinces

58. Il y aura, pour chaque province, un officier appelé lieutenant-gouverneur, lequel sera nommé par le gouverneur-général en conseil par instrument sous le grand sceau du Canada.

Durée des fonctions des lieutenants-
gouverneurs

59. Le lieutenant-gouverneur restera en charge durant le bon plaisir du gouverneur-général; mais tout lieutenant-gouverneur nommé après le commencement de la première session du parlement du Canada, ne pourra être révoqué dans le cours des cinq ans qui suivront sa nomination, à moins qu'il n'y ait cause; et cette cause devra lui être communiquée par écrit dans le cours d'un mois après qu'aura été rendu l'ordre décrétant sa révocation, et l'être aussi par message au Sénat et à la Chambre des Communes dans le cours d'une semaine après cette révocation si le parlement est alors en session, sinon, dans le délai d'une semaine après le commencement de la session suivante du parlement.

Salaires des lieutenants-gouverneurs

60. Les salaires des lieutenants-gouverneurs seront fixés et payés par le parlement du Canada. (30)

Serments, etc., du lieutenant-
gouverneur

61. Chaque lieutenant-gouverneur, avant d'entrer dans l'exercice de ses fonctions, prêtera et souscrira devant le gouverneur-général ou quelque personne à ce par lui autorisée, les serments d'allégeance et d'office prêtés par le gouverneur-général.

Application des dispositions
relatives au lieutenant-gouverneur

62. Les dispositions de la présente loi relatives au lieutenant-gouverneur s'étendent et s'appliquent au lieutenant-gouverneur de chaque province ou à tout autre chef exécutif ou administrateur pour le temps d'alors administrant le gouvernement de la province, quel que soit le titre sous lequel il est désigné.

---

(30) Prévu dans la *Loi sur les traitements*, L.R.C. (1985), ch. S-3.

Conseils exécutifs d'Ontario et
Québec

63. Le conseil exécutif d'Ontario et de Québec se composera des personnes que le lieutenant-gouverneur jugera, de temps à autre, à propos de nommer, et en premier lieu, des officiers suivants, savoir : le procureur-général, le secrétaire et registraire de la province, le trésorier de la province, le commissaire des terres de la couronne, et le commissaire d'agriculture et des travaux publics, et—dans la province de Québec—l'orateur du conseil législatif, et le solliciteur général. (31)

Gouvernement exécutif de la
Nouvelle-Écosse et du
Nouveau-Brunswick

64. La constitution de l'autorité exécutive dans chacune des provinces du Nouveau-Brunswick et de la Nouvelle-Écosse continuera, sujette aux dispositions de la présente loi, d'être celle en existence lors de l'union, jusqu'à ce qu'elle soit modifiée sous l'autorité de la présente loi. (32)

Pouvoirs conférés au
lieutenant-gouverneur d'Ontario ou
Québec, en conseil ou seul

65. Tous les pouvoirs, attributions et fonctions qui—par une loi du parlement de la Grande-Bretagne, ou du parlement du Royaume-Uni de la Grande-Bretagne et d'Irlande, ou de la législature du Haut-Canada, du Bas-Canada ou du Canada, avant ou lors de l'union—étaient conférés aux gouverneurs ou lieutenants-gouverneurs respectifs de ces provinces ou pouvaient être par eux exercés, de l'avis, ou de l'avis et du consentement des conseils exécutifs respectifs de ces provinces, ou avec la coopération de ces conseils ou d'aucun nombre de membres de ces conseils, ou par ces gouverneurs ou lieutenants-gouverneurs individuellement, seront—en tant qu'ils pourront être exercés après l'union, relativement au gouvernement d'Ontario et Québec respectivement—conférés au lieutenant-gouverneur d'Ontario et Québec, respectivement, et pourront être par lui exercés, de l'avis ou de l'avis et du consentement ou avec la coopération des conseils exécutifs respectifs ou d'aucun de leurs membres, ou par le lieutenant-gouverneur individuellement, selon le cas; mais ils pourront, néanmoins (sauf ceux existant en vertu de lois de la Grande-Bretagne et d'Irlande), être révoqués ou modifiés par les législatures respectives d'Ontario et Québec. (33)

---

(31) Maintenant prévu, en Ontario, dans la *Loi sur le Conseil exécutif*, L.R.O. 1990, ch. E.25, et, dans la province de Québec, par la *Loi sur l'exécutif*, L.R.Q. 1977, ch. E-18.

(32) Chacun des instruments admettant la Colombie-Britannique, l'Île-du-Prince-Édouard et Terre-Neuve renfermait une disposition de cette nature. Les autorités exécutives du Manitoba, de l'Alberta et de la Saskatchewan furent établies par les lois qui ont créé ces provinces. Voir la note relative à l'article 5, *supra*.

(33) Voir la note relative à l'article 129, *infra*.

Application des dispositions
relatives aux lieutenants-
gouverneurs en conseil

66. Les dispositions de la présente loi relatives au lieutenant-gouverneur en conseil seront interprétées comme s'appliquant au lieutenant-gouverneur de la province agissant de l'avis de son conseil exécutif.

Administration en l'absence, etc., du
lieutenant-gouverneur

67. Le gouverneur-général en conseil pourra, au besoin, nommer un administrateur qui remplira les fonctions de lieutenant-gouverneur durant l'absence, la maladie ou autre incapacité de ce dernier.

Sièges des gouvernements
provinciaux

68. Jusqu'à ce que le gouvernement exécutif d'une province en ordonne autrement, relativement à telle province, les sièges du gouvernement des provinces seront comme suit, savoir : pour Ontario, la cité de Toronto; pour Québec, la cité de Québec; pour la Nouvelle-Écosse, la cité d'Halifax; et pour le Nouveau-Brunswick, la cité de Frédericton.

Pouvoir législatif

1. ONTARIO

Législature d'Ontario

69. Il y aura, pour Ontario, une législature composée du lieutenant-gouverneur et d'une seule chambre appelée l'assemblée législative d'Ontario.

Districts électoraux

70. L'assemblée législative d'Ontario sera composée de quatre-vingt-deux membres qui devront représenter les quatre-vingt-deux districts électoraux énumérés dans la première annexe de la présente loi. (34)

2. QUÉBEC

Législature de Québec

71. Il y aura, pour Québec, une législature composée du lieutenant-gouverneur et de deux chambres appelées le conseil législatif de Québec et l'assemblée législative de Québec. (35)

---

(34) **Périmé. Maintenant prévu dans la *Loi sur la représentation électorale*, L.R.O. 1990, ch. R.26.**

(35) **La *Loi concernant le Conseil législatif,* S.Q. 1968, ch. 9, déclare que la Législature du Québec est composée du lieutenant-gouverneur et de l'Assemblée nationale et abroge les dispositions de la *Loi de la Législature,* S.R.Q. 1964, ch. 6,**

Constitution du conseil législatif

72. Le conseil législatif de Québec se composera de vingt-quatre membres, qui seront nommés par le lieutenant-gouverneur au nom de la Reine, par instrument sous le grand sceau de Québec, et devront, chacun, représenter l'un des vingt-quatre collèges électoraux du Bas-Canada mentionnés à la présente loi; ils seront nommés à vie, à moins que la législature de Québec n'en ordonne autrement sous l'autorité de la présente loi.

Qualités exigées des conseillers
législatifs

73. Les qualifications des conseillers législatifs de Québec seront les mêmes que celles des sénateurs pour Québec.

Cas dans lesquels les sièges des
conseillers législatifs deviennent
vacants

74. La charge de conseiller législatif de Québec deviendra vacante dans les cas, *mutatis mutandis*, où celle de sénateur peut le devenir.

Vacances

75. Survenant une vacance dans le conseil législatif de Québec, par démission, décès ou autre cause, le lieutenant-gouverneur, au nom de la Reine, nommera, par instrument sous le grand sceau de Québec, une personne capable et ayant les qualifications voulues pour la remplir.

Questions quant aux vacances, etc.

76. S'il s'élève quelque question au sujet des qualifications d'un conseiller législatif de Québec ou d'une vacance dans le conseil législatif de Québec, elle sera entendue et décidée par le conseil législatif.

Orateur du conseil législatif

77. Le lieutenant-gouverneur pourra, de temps à autre, par instrument sous le grand sceau de Québec, nommer un membre du conseil législatif de Québec comme orateur de ce corps, et également le révoquer et en nommer un autre à sa place.

Quorum du conseil législatif

78. Jusqu'à ce que la législature de Québec en ordonne autrement, la présence d'au moins dix membres du conseil législatif, y compris l'orateur, sera nécessaire pour constituer une assemblée du conseil dans l'exercice de ses fonctions.

---

relatives au Conseil législatif du Québec. Maintenant prévu dans la *Loi sur la Législature*, L.R.Q. 1977, ch. L-1. Les articles 72 à 79 sont donc périmés.

Votation dans le conseil législatif de
Québec

79. Les questions soulevées dans le conseil législatif de Québec seront décidées à la majorité des voix, et, dans tous les cas, l'orateur aura voix délibérative; quand les voix seront également partagées, la décision sera considérée comme rendue dans la négative.

Constitution de l'assemblée
législative de Québec

80. L'assemblée législative de Québec se composera de soixante-cinq membres, qui seront élus pour représenter les soixante-cinq divisions ou districts électoraux du Bas-Canada, mentionnés à la présente loi, sauf toute modification que pourra y apporter la législature de Québec; mais il ne pourra être présenté au lieutenant-gouverneur de Québec, pour qu'il le sanctionne, aucun bill à l'effet de modifier les délimitations des divisions ou districts électoraux énumérés dans la deuxième annexe de la présente loi, à moins qu'il n'ait été passé à ses deuxième et troisième lectures dans l'assemblée législative avec le concours de la majorité des membres représentant toutes ces divisions ou districts électoraux; et la sanction ne sera donnée à aucun bill de cette nature à moins qu'une adresse n'ait été présentée au lieutenant-gouverneur par l'assemblée législative déclarant que tel bill a été ainsi passé. (36)

3. Ontario et Québec

81. Abrogé. (37)

Convocation des assemblées
législatives

82. Le lieutenant-gouverneur d'Ontario et de Québec devra, de temps à autre, au nom de la Reine, par instrument sous le grand sceau de la province, convoquer l'assemblée législative de la province.

Restriction quant à l'élection des
personnes ayant des emplois

83. Jusqu'à ce que la législature d'Ontario ou de Québec en ordonne autrement,—quiconque acceptera ou occupera dans la province d'Ontario ou dans celle de Québec, une charge, commission ou emploi, d'une nature permanente ou temporaire, à la nomination du lieutenant-gouverneur, auquel sera attaché un salaire annuel ou quelque honoraire, allocation, émolument ou profit d'un genre ou montant quelconque payé par la province, ne sera pas éligible comme membre de l'assemblée législative de cette province, ni ne

---

(36) La *Loi concernant les districts électoraux*, S.Q. 1970, ch. 7, prévoit la cessation d'effet de cet article.

(37) Abrogé par la *Loi de 1893 sur la revision du droit statutaire*, 56-57 Victoria, ch. 14 (R. -U.). Texte de l'article original :

> **81.** Les législatures d'Ontario et de Québec, respectivement devront être convoquées dans le cours des six mois qui suivront l'union.

devra y siéger ou voter en cette qualité; mais rien de contenu au présent article ne rendra inéligible aucune personne qui sera membre du conseil exécutif de chaque province respective ou qui remplira quelqu'une des charges suivantes, savoir : celles de procureur-général, secrétaire et régistraire de la province, trésorier de la province, commissaire des terres de la couronne, et commissaire d'agriculture et des travaux publics, et,—dans la province de Québec, celle de solliciteur général,—ni ne la rendra inhabile à siéger ou à voter dans la chambre pour laquelle elle est élue, pourvu qu'elle soit élue pendant qu'elle occupera cette charge. (38)

Continuation des lois actuelles
d'élection

84. Jusqu'à ce que les législatures respectives de Québec et Ontario en ordonnent autrement,—toutes les lois en force dans ces provinces respectives, à l'époque de l'union, concernant les questions suivantes ou aucune d'elles, savoir : l'éligibilité ou l'inéligibilité des candidats ou des membres de l'assemblée du Canada,—les qualifications et l'absence des qualifications requises des votants,—les serments exigés des votants,—les officiers-rapporteurs, leurs pouvoirs et leurs devoirs,—le mode de procéder aux élections,—le temps que celles-ci peuvent durer,—la décision des élections contestées et les procédures y incidentes,—les vacations des sièges en parlement, et l'émission et l'exécution de nouveaux brefs dans les cas de vacations occasionnées par d'autres causes que la dissolution,—s'appliqueront respectivement aux élections des membres élus pour les assemblées législatives d'Ontario et Québec respectivement.

Mais, jusqu'à ce que la législature d'Ontario en ordonne autrement, à chaque élection d'un membre de l'assemblée législative d'Ontario pour le district d'Algoma, outre les personnes ayant droit de vote en vertu de la loi de la province du Canada, tout sujet anglais du sexe masculin âgé de vingt-et-un ans ou plus, et tenant feu et lieu, aura droit de vote. (39)

Durée des assemblées législatives

85. La durée de l'assemblée législative d'Ontario et de l'assemblée législative de Québec ne sera que de quatre ans, à compter du jour du rapport des brefs d'élection, à moins qu'elle ne soit plus tôt dissoute par le lieutenant-gouverneur de la province. (40)

---

(38) Probablement périmé. L'objet de cet article est maintenant visé, en Ontario, dans la *Loi sur l'Assemblée législative*, L.R.O. 1990, ch. L.10, et, dans la province de Québec, par la *Loi sur l'Assemblée nationale*, L.R.Q., ch. A-23.1.

(39) Probablement périmé. L'objet de cet article est maintenant visé, en Ontario, dans la *Loi électorale*, L.R.O. 1990, ch. E.6, et la *Loi sur l'Assemblée législative*, L.R.O. 1990, ch. L.10; dans la province de Québec, dans la *Loi électorale*, L.R.Q., ch. E-3.3, et la *Loi sur l'Assemblée nationale*, L.R.Q., ch. A-23.1.

(40) Le mandat maximal de l'assemblée législative de l'Ontario et de celle du Québec a été porté à cinq ans. Dans la province d'Ontario, voir la *Loi sur*

Session annuelle de la législature

86. Il y aura une session de la législature d'Ontario et de celle de Québec, une fois au moins chaque année, de manière qu'il ne s'écoule pas un intervalle de douze mois entre la dernière séance d'une session de la législature dans chaque province, et sa première séance dans la session suivante. (41)

Orateur, quorum, etc.

87. Les dispositions suivantes de la présente loi, concernant la Chambre des Communes du Canada, s'étendront et s'appliqueront aux assemblées législatives d'Ontario et de Québec, savoir : les dispositions relatives à l'élection d'un orateur en première instance et lorsqu'il surviendra des vacances,—aux devoirs de l'orateur,—à l'absence de ce dernier,—au quorum et au mode de votation,—tout comme si ces dispositions étaient ici décrétées et expressément rendues applicables à chaque assemblée législative.

4. NOUVELLE-ÉCOSSE ET NOUVEAU-BRUNSWICK

Constitution des législatures de la
Nouvelle-Écosse et du
Nouveau-Brunswick

88. La constitution de la législature de chacune des provinces de la Nouvelle-Écosse et du Nouveau-Brunswick continuera, sujette aux dispositions de la présente loi, d'être celle en existence à l'époque de l'union, jusqu'à ce qu'elle soit modifiée sous l'autorité de la présente loi. (42)

---

l'Assemblée législative, **L.R.O. 1990, ch. L.10, et, dans la province de Québec, la** *Loi sur l'Assemblée nationale*, **L.R.Q., ch. A-23.1. Voir également l'article 4 de la** *Loi constitutionnelle de 1982* **qui prévoit un mandat maximal de cinq ans pour les assemblées législatives mais qui autorise également des prolongations dans des circonstances spéciales.**

(41) Voir l'article 5 de la *Loi constitutionnelle de 1982* **qui prévoit que chaque législature doit tenir une séance au moins une fois tous les douze mois.**

(42) Partiellement abrogé par la *Loi de 1893 sur la revision du droit statutaire*, **56-57 Victoria, ch. 14 (R.-U.). On y a retranché le dernier membre de phrase de la disposition originale :**

> et la chambre d'assemblée du Nouveau-Brunswick en existence lors de la passation de la présente loi devra, à moins qu'elle ne soit plus tôt dissoute, continuer d'exister pendant la période pour laquelle elle a été élue.

Chacun des instruments admettant la Colombie-Britannique, l'Île-du-Prince-Édouard et Terre-Neuve renfermait une disposition semblable. Les législatures du Manitoba, de l'Alberta et de la Saskatchewan furent établies par les lois qui ont créé ces provinces. Voir la note relative à l'article 5, *supra*.

Voir également les articles 3 à 5 de la *Loi constitutionnelle de 1982* **qui prévoient les droits démocratiques s'appliquant à toutes les provinces et le paragraphe 2(2) de l'annexe de cette loi qui prévoit l'abrogation de l'article 20 de la** *Loi de 1870 sur le Manitoba*. **L'article 5 de la** *Loi constitutionnelle de 1982* **remplace l'article 20 de la** *Loi de 1870 sur le Manitoba*. **Texte de l'article 20 de la** *Loi de 1870 sur le Manitoba* **:**

5. ONTARIO, QUÉBEC ET NOUVELLE-ÉCOSSE

89. Abrogé. (43)

6. LES QUATRE PROVINCES

Application aux législatures des
dispositions relatives aux crédits,
etc.

90. Les dispositions suivantes de la présente loi, concernant le parlement du Canada, savoir :—les dispositions relatives aux bills d'appropriation et d'impôts, à la recommandation de votes de deniers, à la sanction des bills, au désaveu des lois, et à la signification du bon plaisir quant aux bills réservés,— s'étendront et s'appliqueront aux législatures des différentes provinces, tout comme si elles étaient ici décrétées et rendues expressément applicables aux provinces respectives et à leurs législatures, en substituant toutefois le lieutenant-gouverneur de la province au gouverneur-général, le gouverneur-général à la Reine et au secrétaire d'État, un an à deux ans, et la province au Canada.

VI. DISTRIBUTION DES POUVOIRS LÉGISLATIFS

Pouvoirs du parlement

Autorité législative du parlement du
Canada

91. Il sera loisible à la Reine, de l'avis et du consentement du Sénat et de la Chambre des Communes, de faire des lois pour la paix, l'ordre et le bon gouvernement du Canada, relativement à toutes les matières ne tombant pas dans les catégories de sujets par la présente loi exclusivement assignés aux législatures des provinces; mais, pour plus de garantie, sans toutefois restreindre la généralité des termes ci-haut employés dans le présent article, il est par la présente déclaré que (nonobstant toute disposition contraire énoncée dans la présente loi) l'autorité législative exclusive du parlement du Canada s'étend à toutes les matières tombant dans les catégories de sujets ci-dessous énumérés, savoir :

---

20. Il y aura une session de la législature, une fois au moins chaque année, de manière à ce qu'il ne s'écoule pas un intervalle de douze mois entre la dernière séance d'une session de la législature et sa première séance de la session suivante.

(43) Abrogé par la *Loi de 1893 sur la revision du droit statutaire*, 56-57 Victoria, ch. 14 (R.-U.). Texte de l'article original :

5. ONTARIO, QUÉBEC ET NOUVELLE-ÉCOSSE

89. Chacun des lieutenants-gouverneurs d'Ontario, de Québec et de la Nouvelle-Écosse devra faire émettre des brefs pour la première élection des membres de l'assemblée législative, selon telle forme et par telle personne qu'il jugera à propos, et à telle époque et adressés à tel officier-rapporteur que prescrira le gouverneur-général, de manière que la première élection d'un membre de l'assemblée pour un district électoral ou une subdivision de ce district puisse se faire aux mêmes temps et lieux que l'élection d'un membre de la Chambre des Communes du Canada pour ce district électoral.

1. Abrogé. (44)

1A. La dette et la propriété publiques. (45)

2. La réglementation du trafic et du commerce.

2A. L'assurance-chômage. (46)

3. Le prélèvement de deniers par tous modes ou systèmes de taxation.

4. L'emprunt de deniers sur le crédit public.

5. Le service postal.

6. Le recensement et les statistiques.

7. La milice, le service militaire et le service naval, et la défense du pays.

8. La fixation et le paiement des salaires et honoraires des officiers civils et autres du gouvernement du Canada.

9. Les amarques, les bouées, les phares et l'île de Sable.

10. La navigation et les bâtiments ou navires (*shipping*).

11. La quarantaine et l'établissement et maintien des hôpitaux de marine.

12. Les pêcheries des côtes de la mer et de l'intérieur.

13. Les passages d'eau (*ferries*) entre une province et tout pays britannique ou étranger, ou entre deux provinces.

14. Le cours monétaire et le monnayage.

---

(44) La catégorie 1 a été ajoutée par l'*Acte de l'Amérique du Nord britannique (n° 2), 1949*, 13 George VI, ch. 81 (R.-U.). Cette loi et la catégorie 1 ont été abrogées par la *Loi constitutionnelle de 1982*. Le paragraphe 4(2) et la partie V de la *Loi constitutionnelle de 1982* prévoient les matières visées dans la catégorie 1. Texte de la catégorie 1 :

> 1. La modification, de temps à autre, de la constitution du Canada, sauf en ce qui concerne les matières rentrant dans les catégories de sujets que la présente loi attribue exclusivement aux législatures des provinces, ou en ce qui concerne les droits ou privilèges accordés ou garantis, par la présente loi ou par toute autre loi constitutionnelle, à la législature ou au gouvernement d'une province, ou à quelque catégorie de personnes en matière d'écoles, ou en ce qui regarde l'emploi de l'anglais ou du français, ou les prescriptions portant que le parlement du Canada tiendra au moins une session chaque année et que la durée de chaque chambre des communes sera limitée à cinq années, depuis le jour du rapport des brefs ordonnant l'élection de cette chambre; toutefois, le parlement du Canada peut prolonger la durée d'une chambre des communes en temps de guerre, d'invasion ou d'insurrection, réelles ou appréhendées, si cette prolongation n'est pas l'objet d'une opposition exprimée par les votes de plus du tiers des membres de ladite chambre.

(45) Renuméroté 1A par l'*Acte de l'Amérique du Nord britannique (n° 2), 1949*, 13, George VI, ch. 81 (R.-U.).

(46) Ajouté par la *Loi constitutionnelle de 1940*, 3-4 George VI, ch. 36 (R.-U.).

15. Les banques, l'incorporation des banques et l'émission du papier-monnaie.

16. Les caisses d'épargne.

17. Les poids et mesures.

18. Les lettres de change et les billets promissoires.

19. L'intérêt de l'argent.

20. Les offres légales.

21. La banqueroute et la faillite.

22. Les brevets d'invention et de découverte.

23. Les droits d'auteur.

24. Les Indiens et les terres réservées pour les Indiens.

25. La naturalisation et les aubains.

26. Le mariage et le divorce.

27. La loi criminelle, sauf la constitution des tribunaux de juridiction criminelle, mais y compris la procédure en matière criminelle.

28. L'établissement, le maintien, et l'administration des pénitenciers.

29. Les catégories de sujets expressément exceptés dans l'énumération des catégories de sujets exclusivement assignés par la présente loi aux législatures des provinces.

Et aucune des matières énoncées dans les catégories de sujets énumérés dans le présent article ne sera réputée tomber dans la catégorie des matières d'une nature locale ou privée comprises dans l'énumération des catégories de sujets exclusivement assignés par la présente loi aux législatures des provinces. (47)

---

(47) Les autres lois suivantes ont conféré une autorité législative au Parlement :

1. La *Loi constitutionnelle de 1871*, 34-35 Victoria, ch. 28 (R.-U.) :

> **2.** Le parlement du Canada pourra de temps à autre établir de nouvelles provinces dans aucun des territoires faisant alors partie de la Puissance du Canada, mais non compris dans aucune province de cette Puissance, et il pourra, lors de cet établissement, décréter des dispositions pour la constitution et l'administration de toute telle province et pour la passation de lois concernant la paix, l'ordre et le bon gouvernement de telle province et pour sa représentation dans le dit Parlement.

> **3.** Avec le consentement de toute province de la dite Puissance, le Parlement du Canada pourra de temps à autre augmenter, diminuer ou autrement modifier les limites de telle province, à tels termes et conditions qui pourront être acceptés par la dite législature, et il pourra de même avec son consentement établir les dispositions touchant l'effet et l'opération de cette augmentation, diminution ou modification de territoire de toute province qui devra la subir.

> **4.** Le Parlement du Canada pourra de temps à autre établir des dispositions concernant la paix, l'ordre et le bon gouvernement de tout territoire ne formant pas alors partie d'une province.

Pouvoirs exclusifs des législatures provinciales

Sujets soumis au contrôle exclusif
de la législation provinciale

92. Dans chaque province la législature pourra exclusivement faire des lois relatives aux matières tombant dans les catégories de sujets ci-dessous énumérés, savoir :

1. Abrogé. (48)

---

5. Les textes suivants passés par le dit Parlement du Canada et respectivement intitulés: «Acte concernant le Gouvernement provisoire de la Terre de Rupert et du Territoire du Nord-Ouest, après que ces territoires auront été unis au Canada,» et «Loi de 1870 sur le Manitoba», seront et sont considérés avoir été valides à toutes fins à compter de la date où, au nom de la Reine, ils ont reçu la sanction du Gouverneur Général de la dite Puissance du Canada.

6. Excepté tel que prescrit par le troisième article de la présente loi, le Parlement du Canada n'aura pas compétence pour changer les dispositions de la loi en dernier lieu mentionné du dit Parlement en ce qui concerne la province de Manitoba, ni d'aucune autre loi établissant à l'avenir de nouvelles provinces dans la dite Puissance, sujet toujours au droit de la législature de la Province de Manitoba de changer de temps à autre les dispositions d'aucune loi concernant la qualification des électeurs et des députés à l'Assemblée Législative, et de décréter des lois relatives aux élections dans la dite province.

L'*Acte de Terre de Rupert, 1868*, 31-32 Victoria, ch. 105 (R.-U.),—abrogé par la *Loi de 1893 sur la revision du droit statutaire*, 56-57 Victoria, ch. 14 (R.-U.)—, avait antérieurement conféré une autorité semblable relativement à la Terre de Rupert et au Territoire du Nord-Ouest lors de l'admission de ces régions.

2. La *Loi constitutionnelle de 1886*, 49-50 Victoria, ch. 35 (R.-U.) :

1. Le Parlement du Canada pourra, de temps à autre, pourvoir à la représentation au Sénat et à la Chambre des Communes du Canada ou à l'un ou l'autre, de tous territoires formant partie de la Puissance du Canada, mais non compris dans aucune de ses provinces.

3. Le *Statut de Westminster de 1931*, 22 George V, ch. 4 (R.-U.) :

3. Il est déclaré et statué par les présentes que le Parlement d'un Dominion a le plein pouvoir d'adopter des lois d'une portée extra-territoriale.

4. En vertu de l'article 44 de la *Loi constitutionnelle de 1982*, le Parlement a compétence exclusive pour modifier les dispositions de la Constitution du Canada relatives au pouvoir exécutif fédéral, au Sénat ou à la Chambre des communes. Les articles 38, 41, 42 et 43 de cette loi autorisent le Sénat et la Chambre des communes à approuver, par des résolutions, certaines autres modifications constitutionnelles.

(48) La catégorie 1 a été abrogée par la *Loi constitutionnelle de 1982*. Texte de la catégorie 1 :

1. L'amendement de temps à autre, nonobstant toute disposition contraire énoncée dans le présent acte, de la constitution de la province, sauf les dispositions relatives à la charge de lieutenant-gouverneur;

L'article 45 de la *Loi constitutionnelle de 1982* autorise désormais une législature à adopter des lois pour modifier la constitution de sa province. Les articles 38, 41, 42 et 43 de cette loi autorisent les assemblées législatives à approuver, par des résolutions, certaines autres modifications de la Constitution du Canada.

2. La taxation directe dans les limites de la province, dans le but de prélever un revenu pour des objets provinciaux;

3. Les emprunts de deniers sur le seul crédit de la province;

4. La création et la tenure des charges provinciales, et la nomination et le paiement des officiers provinciaux;

5. L'administration et la vente des terres publiques appartenant à la province, et des bois et forêts qui s'y trouvent;

6. L'établissement, l'entretien et l'administration des prisons publiques et des maisons de réforme dans la province;

7. L'établissement, l'entretien et l'administration des hôpitaux, asiles, institutions et hospices de charité dans la province, autres que les hôpitaux de marine;

8. Les institutions municipales dans la province;

9. Les licences de boutiques, de cabarets, d'auberges, d'encanteurs et autres licences, dans le but de prélever un revenu pour des objets provinciaux, locaux, ou municipaux;

10. Les travaux et entreprises d'une nature locale, autres que ceux énumérés dans les catégories suivantes :—

   a. Lignes de bateaux à vapeur ou autres bâtiments, chemins de fer, canaux, télégraphes et autres travaux et entreprises reliant la province à une autre ou à d'autres provinces, ou s'étendant au-delà des limites de la province;

   b. Lignes de bateaux à vapeur entre la province et tout pays dépendant de l'empire britannique ou tout pays étranger;

   c. Les travaux qui, bien qu'entièrement situés dans la province, seront avant ou après leur exécution déclarés par le parlement du Canada être pour l'avantage général du Canada, ou pour l'avantage de deux ou d'un plus grand nombre des provinces;

11. L'incorporation des compagnies pour des objets provinciaux;

12. La célébration du mariage dans la province;

13. La propriété et les droits civils dans la province;

14. L'administration de la justice dans la province, y compris la création, le maintien et l'organisation de tribunaux de justice pour la province, ayant juridiction civile et criminelle, y compris la procédure en matières civiles dans ces tribunaux;

15. L'infliction de punitions par voie d'amende, pénalité, ou emprisonnement, dans le but de faire exécuter toute loi de la province décrétée au sujet des matières tombant dans aucune des catégories de sujets énumérés dans le présent article;

16. Généralement toutes les matières d'une nature purement locale ou privée dans la province.

Ressources naturelles non renouvelables,
ressources forestières et énergie électrique

92A. (1) La législature de chaque province a compétence exclusive pour légiférer dans les domaines suivants :

a) prospection des ressources naturelles non renouvelables de la province;

b) exploitation, conservation et gestion des ressources naturelles non renouvelables et des ressources forestières de la province, y compris leur rythme de production primaire;

c) aménagement, conservation et gestion des emplacements et des installations de la province destinés à la production d'énergie électrique.

Exportation hors des provinces

(2) La législature de chaque province a compétence pour légiférer en ce qui concerne l'exportation, hors de la province, à destination d'une autre partie du Canada, de la production primaire tirée des ressources naturelles non renouvelables et des ressources forestières de la province, ainsi que de la production d'énergie électrique de la province, sous réserve de ne pas adopter de lois autorisant ou prévoyant des disparités de prix ou des disparités dans les exportations destinées à une autre partie du Canada.

Pouvoir du Parlement

(3) Le paragraphe (2) ne porte pas atteinte au pouvoir du Parlement de légiférer dans les domaines visés à ce paragraphe, les dispositions d'une loi du Parlement adoptée dans ces domaines l'emportant sur les dispositions incompatibles d'une loi provinciale.

Taxation des ressources

(4) La législature de chaque province a compétence pour prélever des sommes d'argent par tout mode ou système de taxation :

a) des ressources naturelles non renouvelables et des ressources forestières de la province, ainsi que de la production primaire qui en est tirée;

b) des emplacements et des installations de la province destinés à la production d'énergie électrique, ainsi que de cette production même.

Cette compétence peut s'exercer indépendamment du fait que la production en cause soit ou non, en totalité ou en partie, exportée hors de la province, mais les lois adoptées dans ces domaines ne peuvent autoriser ou prévoir une taxation qui établisse une distinction entre la production exportée à destination d'une autre partie du Canada et la production non exportée hors de la province.

«Production primaire»

(5) L'expression «production primaire» a le sens qui lui est donné dans la sixième annexe.

Pouvoirs ou droits existants

(6) Les paragraphes (1) à (5) ne portent pas atteinte aux pouvoirs ou droits détenus par la législature ou le gouvernement d'une province lors de l'entrée en vigueur du présent article. (49)

Éducation

Législation au sujet de l'éducation

93. Dans chaque province, la législature pourra exclusivement décréter des lois relatives à l'éducation, sujettes et conformes aux dispositions suivantes :—

(1) Rien dans ces lois ne devra préjudicier à aucun droit ou privilège conféré, lors de l'union, par la loi à aucune classe particulière de personnes dans la province, relativement aux écoles séparées (*denominational*);

(2) Tous les pouvoirs, privilèges et devoirs conférés et imposés par la loi dans le Haut-Canada, lors de l'union, aux écoles séparées et aux syndics d'écoles des sujets catholiques romains de Sa Majesté, seront et sont par la présente étendus aux écoles dissidentes des sujets protestants et catholiques romains de la Reine dans la province de Québec;

(3) Dans toute province où un système d'écoles séparées ou dissidentes existera par la loi, lors de l'union, ou sera subséquemment établi par la législature de la province—il pourra être interjeté appel au gouverneur-général en conseil de toute loi ou décision d'aucune autorité provinciale affectant aucun des droits ou privilèges de la minorité protestante ou catholique romaine des sujets de Sa Majesté relativement à l'éducation;

---

(49) Ajouté aux termes de l'article 50 de la *Loi constitutionnelle de 1982.*

(4) Dans le cas où il ne serait pas décrété telle loi provinciale que, de temps à autre, le gouverneur-général en conseil jugera nécessaire pour donner suite et exécution aux dispositions du présent article,—ou dans le cas où quelque décision du gouverneur-général en conseil, sur appel interjeté en vertu du présent article, ne serait pas mise à exécution par l'autorité provinciale compétente—alors et en tout tel cas, et en tant seulement que les circonstances de chaque cas l'exigeront, le parlement du Canada pourra décréter des lois propres à y remédier pour donner suite et exécution aux dispositions du présent article, ainsi qu'à toute décision rendue par le gouverneur-général en conseil sous l'autorité de ce même article. (50)

---

(50) Pour le Manitoba, l'article 22 de la *Loi de 1870 sur le Manitoba*, 33 Victoria, ch. 3, confirmée par la *Loi constitutionnelle de 1871*, 34-35 Victoria, ch. 28 (R.-U.), a constitué une solution de rechange, lequel article est ainsi rédigé :

> 22. Dans la province, la législature pourra exclusivement décréter des lois relatives à l'éducation, sujettes et conformes aux dispositions suivantes :
>
> (1) Rien dans ces lois ne devra préjudicier à aucun droit ou privilège conféré, lors de l'Union, par la loi ou par la coutume à aucune classe particulière de personnes dans la province, relativement aux écoles séparées (*denominational schools*).
>
> (2) Il pourra être interjeté appel au gouverneur général en conseil de tout acte ou décision de la législature de la province ou de toute autorité provinciale affectant quelqu'un des droits ou privilèges de la minorité protestante ou catholique romaine de sujets de Sa Majesté relativement à l'éducation.
>
> (3) Dans le cas où il ne serait pas décrété telle loi provinciale que, de temps à autre, le gouverneur général en conseil jugera nécessaire pour donner suite et exécution aux dispositions du présent article—ou dans le cas où quelque décision du gouverneur général en conseil, sur appel interjeté en vertu de cet article, ne serait pas dûment mise à exécution par l'autorité provinciale compétente,—alors et en tout tel cas, et en tant seulement que les circonstances de chaque cas l'exigeront, le Parlement du Canada pourra décréter des lois propres à y remédier pour donner suite et exécution aux dispositions du présent article, ainsi qu'à toute décision rendue par le gouverneur général en conseil pour l'autorité du même article.

Pour l'Alberta, l'article 17 de la *Loi sur l'Alberta*, 4-5 Édouard VII, ch. 3, a constitué une solution de rechange, lequel article est ainsi rédigé :

> 17. L'article 93 de la *Loi constitutionnelle de 1867* s'applique à la dite province sauf substitution de l'alinéa suivant à l'alinéa 1 du dit article 93 :
>
> «(1) Rien dans ces lois ne préjudiciera à aucun droit ou privilège dont jouit aucune classe de personnes en matière d'écoles séparées à la date de la présente loi aux termes des chapitres 29 et 30 des ordonnances des territoires du Nord-Ouest rendues en l'année 1901, ou au sujet de l'instruction religieuse dans toute école publique ou séparée ainsi que prévu dans les dites ordonnances.»
>
> (2) Dans la répartition par la législature ou la distribution par le gouvernement de la province, de tous deniers destinés au soutien des écoles organisées et conduites en conformité du dit chapitre 29 ou de toute loi le modifiant ou le remplaçant, il n'y aura aucune inégalité ou différence de traitement au détriment des écoles d'aucune classe visée au dit chapitre 29.
>
> (3) Là où l'expression «par la loi» est employée au paragraphe 3 du dit article 93, elle sera interprétée comme signifiant la loi telle qu'énoncée aux dits chapitres 29 et 30, et là où l'expression «lors de l'union» est employée au dit paragraphe 3, elle sera tenue pour signifier la date à laquelle la présente loi entre en vigueur.

Pour la Saskatchewan, l'article 17 de la *Loi sur la Saskatchewan*, 4-5 Édouard VII, ch. 42, a constitué une solution de rechange, lequel article est ainsi rédigé :

17. L'article 93 de la *Loi constitutionnelle de 1867* s'applique à la dite province sauf substitution de l'alinéa suivant à l'alinéa 1 du dit article 93 :

«(1) Rien dans ces lois ne préjudiciera à aucun droit ou privilège dont jouit aucune classe de personnes en matière d'écoles séparées à la date de la présente loi aux termes des chapitres 29 et 30 des Ordonnances des territoires du Nord-Ouest rendues en l'année 1901, ou au sujet de l'instruction religieuse dans toute école publique ou séparée ainsi que prévu dans lesdites ordonnances.»

(2) Dans la répartition par la Législature ou la distribution par le gouvernement de la province, de tous deniers destinés au soutien des écoles organisées et conduites en conformité du dit chapitre 29, ou de toute loi le modifiant ou le remplaçant, il n'y aura aucune inégalité ou différence de traitement au détriment des écoles d'aucune classe visée au dit chapitre 29.

(3) Là où l'expression «par la loi» est employée à l'alinéa 3 du dit article 93, elle sera interprétée comme signifiant la loi telle qu'énoncée aux chapitres 29 et 30, et là où l'expression «lors de l'union» est employée au dit alinéa 3, elle sera tenue pour signifier la date à laquelle la présente loi entre en vigueur.

Pour Terre-Neuve, la clause 17 des Conditions de l'union de Terre-Neuve au Canada, qu'a ratifiées la *Loi sur Terre-Neuve*, 12-13 George VI, ch. 22 (R.-U.), a constitué une solution de rechange. La clause 17 des Conditions de l'union de Terre-Neuve au Canada, présentée dans l'avant-dernier paragraphe de cette note en bas de page, a été modifiée par la *Modification constitutionnelle de 1998 (Loi sur Terre-Neuve)* (voir TR/98-25) et se lit présentement comme suit :

17. (1) En ce qui concerne la province de Terre-Neuve, la présente clause s'applique au lieu de l'article quatre-vingt-treize de la *Loi constitutionnelle de 1867*.

(2) Dans la province de Terre-Neuve et pour cette province, la Législature a compétence exclusive pour légiférer en matière d'éducation, mais elle doit prévoir un enseignement religieux qui ne vise pas une religion en particulier.

(3) L'observance d'une religion doit être permise dans une école si les parents le demandent.

Avant la *Modification constitutionnelle de 1998 (Loi sur Terre-Neuve)*, la clause 17 des Conditions de l'union de Terre-Neuve au Canada avait été modifiée par la *Modification constitutionnelle de 1997 (Loi sur Terre-Neuve)* (voir TR/97-55) pour se lire comme suit :

17. En ce qui concerne la province de Terre-Neuve, le texte qui suit s'applique au lieu de l'article quatre-vingt-treize de la *Loi constitutionnelle de 1867*.

Dans la province de Terre-Neuve et pour ladite province, la Législature a le pouvoir exclusif d'édicter des lois sur l'enseignement, mais :

a) sauf dans la mesure prévue aux alinéas *b*) et *c*), sont confessionnelles les écoles dont la création, le maintien et le fonctionnement sont soutenus par les deniers publics; toute catégorie de personnes jouissant des droits prévus par la présente clause, dans sa version au 1ᵉʳ janvier 1995, conserve le droit d'assurer aux enfants qui y appartiennent l'enseignement religieux, l'exercice d'activités religieuses et la pratique de la religion à l'école; les droits des catégories de personnes qui se sont regroupées par un accord conclu en 1969 pour constituer un système scolaire unifié sont assimilés à ceux dont jouit une catégorie de personnes en application de la présente clause;

b) sous réserve du droit provincial d'application générale prévoyant les conditions de la création ou du fonctionnement des écoles :

(i) toute catégorie de personnes visée à l'alinéa *a*) a le droit de créer, maintenir et faire fonctionner une école soutenue par les deniers publics,

(ii) la Législature peut approuver la création, le maintien et le fonctionnement d'une école soutenue par les deniers publics, qu'elle soit confessionnelle ou non;

c) toute catégorie de personnes qui exerce le droit prévu au sous-alinéa *b*)(i) conserve le droit d'assurer l'enseignement religieux, l'exercice d'activités religieuses et la pratique de la religion à l'école ainsi que d'y régir les activités académiques touchant aux croyances religieuses, la politique d'admission des étudiants et l'affectation et le congédiement des professeurs;

d) les écoles visées aux alinéas *a*) et *b*) reçoivent leur part des deniers publics conformément aux barèmes fixés par la Législature sur une base exempte de différenciation injuste;

e) si elles le désirent, les catégories de personnes jouissant des droits prévus par la présente clause ont le droit d'élire une proportion d'au moins deux tiers des membres d'un conseil scolaire et une de ces catégories a le droit d'élire le nombre de membres de cette proportion qui correspond au pourcentage de la population qu'elle représente dans le territoire qui est du ressort du conseil.

Avant la *Modification constitutionnelle de 1997 (Loi sur Terre-Neuve)*, la clause 17 des Conditions de l'union de Terre-Neuve au Canada avait été modifiée par la *Modification constitutionnelle de 1987 (Loi sur Terre-Neuve)* (voir TR/88-11) pour se lire comme suit :

17. (1) En ce qui concerne la province de Terre-Neuve, la clause suivante devra s'appliquer au lieu de l'article quatre-vingt-treize de la Loi constitutionnelle de 1867 :

Dans la province de Terre-Neuve et pour ladite province, la Législature aura le pouvoir exclusif d'édicter des lois sur l'enseignement, mais la Législature n'aura pas le pouvoir d'adopter des lois portant atteinte aux droits ou privilèges que la loi, à la date de l'Union, conférait dans Terre-Neuve à une ou plusieurs catégories de personnes relativement aux écoles confessionnelles, aux écoles communes (fusionnées) ou aux collèges confessionnels et, à même les deniers publics de la province de Terre-Neuve affectés à l'enseignement,

a) toutes semblables écoles recevront leur part desdits deniers conformément aux barèmes établis à l'occasion par la Législature, sur une base exempte de différenciation injuste, pour les écoles fonctionnant alors sous l'autorité de la Législature; et

b) tous semblables collèges recevront leur part de toute subvention votée à l'occasion pour les collèges fonctionnant alors sous l'autorité de la Législature, laquelle subvention devra être distribuée sur une base exempte de différenciation injuste.

(2) Pour l'application du paragraphe un de la présente clause, les Pentecostal Assemblies of Newfoundland ont, à Terre-Neuve, tous les mêmes droits et privilèges à l'égard des écoles confessionnelles et des collèges confessionnels que ceux détenus de droit à Terre-Neuve lors de l'union par toute autre catégorie de personnes; les expressions «toutes semblables écoles» et «tous semblables collèges», à l'alinéa *a*) et *b*) de la présente clause, visent dès lors respectivement les écoles et les collèges des Pentecostal Assemblies of Newfoundland.

La clause 17 des Conditions de l'union de Terre-Neuve au Canada, qu'a ratifiées la *Loi sur Terre-Neuve*, 12-13 George VI, ch. 22 (R.-U.), laquelle clause a constitué une solution de rechange pour Terre-Neuve, se lisait comme suit à l'origine :

17. En ce qui concerne la province de Terre-Neuve, la clause suivante devra s'appliquer au lieu de l'article quatre-vingt-treize de la *Loi constitutionnelle de 1867* :

Dans la province de Terre-Neuve et pour ladite province, la Législature aura le pouvoir exclusif d'édicter des lois sur l'enseignement, mais la Législature n'aura pas le pouvoir d'adopter des lois portant atteinte aux droits ou privilèges que la loi, à la date de l'Union, conférait dans Terre-Neuve à une ou plusieurs catégories de personnes relativement aux écoles confessionnelles, aux écoles communes (fusionnées) ou aux collèges confessionnels et, à même les deniers publics de la province de Terre-Neuve affectés à l'enseignement,

a) toutes semblables écoles recevront leur part desdits deniers conformément aux barèmes établis à l'occasion par la Législature, sur une base exempte de différenciation injuste, pour les écoles fonctionnant alors sous l'autorité de la Législature; et

b) tous semblables collèges recevront leur part de toute subvention votée à l'occasion pour les collèges fonctionnant alors sous l'autorité de la Législature, laquelle subvention devra être distribuée sur une base exempte de différenciation injuste.

Québec

93A. Les paragraphes (1) à (4) de l'article 93 ne s'appliquent pas au Québec. (51)

Uniformité des lois dans Ontario, la Nouvelle-Écosse et le Nouveau-Brunswick

Uniformité des lois dans trois
provinces

94. Nonobstant toute disposition contraire énoncée dans la présente loi,—le parlement du Canada pourra adopter des mesures à l'effet de pourvoir à l'uniformité de toutes les lois ou de parties des lois relatives à la propriété et aux droits civils dans Ontario, la Nouvelle-Écosse et le Nouveau-Brunswick, et de la procédure dans tous les tribunaux ou aucun des tribunaux de ces trois provinces; et depuis et après la passation de toute loi à cet effet, le pouvoir du parlement du Canada de décréter des lois relatives aux sujets énoncés dans telles lois, sera illimité, nonobstant toute chose au contraire dans la présente loi; mais toute loi du parlement du Canada pourvoyant à cette uniformité n'aura d'effet dans une province qu'après avoir été adoptée et décrétée par la législature de cette province.

Pensions de vieillesse

Législation concernant les pensions
de vieillesse et les prestations
additionnelles

94A. Le Parlement du Canada peut légiférer sur les pensions de vieillesse et prestations additionnelles, y compris des prestations aux survivants et aux invalides sans égard à leur âge, mais aucune loi ainsi édictée ne doit porter atteinte à l'application de quelque loi présente ou future d'une législature provinciale en ces matières. (52)

Voir également les articles 23, 29 et 59 de la *Loi constitutionnelle de 1982*. L'article 23 prévoit des nouveaux droits à l'instruction dans la langue de la minorité et l'article 59 accorde un délai pour l'entrée en vigueur au Québec d'un aspect de ces droits. L'article 29 prévoit que les dispositions de la *Charte canadienne des droits et libertés* ne portent pas atteinte aux droits ou privilèges garantis en vertu de la Constitution du Canada concernant les écoles séparées et autres écoles confessionnelles.

(51) Ajouté par la *Modification constitutionnelle de 1997 (Québec)*. Voir TR/97-141.

(52) Ajouté par la *Loi constitutionnelle de 1964*, 12-13 Elizabeth II, ch. 73 (R.-U.). Originalement édicté par *L'Acte de l'Amérique du Nord britannique, 1951*, 14-15 George VI, ch. 32 (R.-U.), l'article 94A se lisait comme suit :

> **94A**. Il est déclaré, par les présentes, que le Parlement du Canada peut, à l'occasion, légiférer sur les pensions de vieillesse au Canada, mais aucune loi édictée par le Parlement du Canada à l'égard des pensions de vieillesse ne doit atteindre l'application de quelque loi présente ou future d'une législature provinciale relativement aux pensions de vieillesse.

Agriculture et Immigration

Pouvoir concurrent de décréter des
lois au sujet de l'agriculture, etc.

95. Dans chaque province, la législature pourra faire des lois relatives à l'agriculture et à l'immigration dans cette province; et il est par la présente déclaré que le parlement du Canada pourra de temps à autre faire des lois relatives à l'agriculture et à l'immigration dans toutes les provinces ou aucune d'elles en particulier; et toute loi de la législature d'une province relative à l'agriculture ou à l'immigration n'y aura d'effet qu'aussi longtemps et que tant qu'elle ne sera incompatible avec aucune des lois du parlement du Canada.

VII. JUDICATURE

Nomination des juges

96. Le gouverneur-général nommera les juges des cours supérieures, de district et de comté dans chaque province, sauf ceux des cours de vérification dans la Nouvelle-Écosse et le Nouveau-Brunswick.

Choix des juges dans Ontario, etc.

97. Jusqu'à ce que les lois relatives à la propriété et aux droits civils dans Ontario, la Nouvelle-Écosse et le Nouveau-Brunswick, et à la procédure dans les cours de ces provinces, soient rendues uniformes, les juges des cours de ces provinces qui seront nommés par le gouverneur-général devront être choisis parmi les membres des barreaux respectifs de ces provinces.

Choix des juges dans Québec

98. Les juges des cours de Québec seront choisis parmi les membres du barreau de cette province.

Durée des fonctions des juges

99. (1) Sous réserve du paragraphe (2) du présent article, les juges des cours supérieures resteront en fonction durant bonne conduite, mais ils pourront être révoqués par le gouverneur général sur une adresse du Sénat et de la Chambre des Communes.

Cessation des fonctions à l'âge de
75 ans

(2) Un juge d'une cour supérieure, nommé avant ou après l'entrée en vigueur du présent article, cessera d'occuper sa charge lorsqu'il aura atteint l'âge de soixante-quinze ans, ou à l'entrée en vigueur du présent article si, à cette époque, il a déjà atteint ledit âge. (53)

---

(53) Abrogé et remplacé aux termes de la *Loi constitutionnelle de 1960*, 9 Elizabeth II, ch. 2 (R.-U.), en vigueur le 1er mars 1961. Texte de l'article original :

Salaires, etc. des juges

100. Les salaires, allocations et pensions des juges des cours supérieures, de district et de comté (sauf les cours de vérification dans la Nouvelle-Écosse et le Nouveau-Brunswick) et des cours de l'Amirauté, lorsque les juges de ces dernières sont alors salariés, seront fixés et payés par le parlement du Canada. (54)

Cour générale d'appel, etc.

101. Le parlement du Canada pourra, nonobstant toute disposition contraire énoncée dans la présente loi, lorsque l'occasion le requerra, adopter des mesures à l'effet de créer, maintenir et organiser une cour générale d'appel pour le Canada, et établir des tribunaux additionnels pour la meilleure administration des lois du Canada. (55)

VIII. REVENUS; DETTES; ACTIFS; TAXE

Création d'un fonds consolidé de revenu

102. Tous les droits et revenus que les législatures respectives du Canada, de la Nouvelle-Écosse et du Nouveau-Brunswick, avant et à l'époque de l'union, avaient le pouvoir d'approprier,—sauf ceux réservés par la présente loi aux législatures respectives des provinces, ou qui seront perçus par elles conformément aux pouvoirs spéciaux qui leur sont conférés par la présente loi,—formeront un fonds consolidé de revenu pour être approprié au service public du Canada de la manière et soumis aux charges prévues par la présente loi.

Frais de perception, etc.

103. Le fonds consolidé de revenu du Canada sera permanemment grevé des frais, charges et dépenses encourus pour le percevoir, administrer et recouvrer, lesquels constitueront la première charge sur ce fonds et pourront être soumis à telles révision et audition qui seront ordonnées par le gouverneur-général en conseil jusqu'à ce que le parlement y pourvoie autrement.

---

99. Les juges des cours supérieures resteront en charge durant bonne conduite, mais ils pourront être démis de leurs fonctions par le gouverneur-général sur une adresse du Sénat et de la Chambre des Communes.

(54) Voir la *Loi sur les juges*, L.R.C. (1985), ch. J-1.

(55) Voir la *Loi sur la Cour suprême*, L.R.C. (1985), ch. S-26, la *Loi sur la Cour fédérale*, L.R.C. (1985), ch. F-7, et la *Loi sur la Cour canadienne de l'impôt*, L.R.C. (1985), ch. T-2.

Intérêt des dettes publiques
provinciales

104. L'intérêt annuel des dettes publiques des différentes provinces du Canada, de la Nouvelle-Écosse et du Nouveau-Brunswick, lors de l'union, constituera la seconde charge sur le fonds consolidé de revenu du Canada.

Traitement du gouverneur-général

105. Jusqu'à modification par le parlement du Canada, le salaire du gouverneur-général sera de dix mille louis, cours sterling du Royaume-Uni de la Grande-Bretagne et d'Irlande; cette somme sera acquittée sur le fonds consolidé de revenu du Canada et constituera la troisième charge sur ce fonds. (56)

Emploi du fonds consolidé

106. Sujet aux différents paiements dont est grevé par la présente loi le fonds consolidé de revenu du Canada, ce fonds sera approprié par le parlement du Canada au service public.

Transfert des valeurs, etc.

107. Tous les fonds, argent en caisse, balances entre les mains des banquiers et valeurs appartenant à chaque province à l'époque de l'union, sauf les exceptions énoncées à la présente loi, deviendront la propriété du Canada et seront déduits du montant des dettes respectives des provinces lors de l'union.

Transfert des propriétés énumérées
dans l'annexe

108. Les travaux et propriétés publics de chaque province, énumérés dans la troisième annexe de la présente loi, appartiendront au Canada.

Propriété des terres, mines, etc.

109. Toutes les terres, mines, minéraux et réserves royales appartenant aux différentes provinces du Canada, de la Nouvelle-Écosse et du Nouveau-Brunswick lors de l'union, et toutes les sommes d'argent alors dues ou payables pour ces terres, mines, minéraux et réserves royales, appartiendront aux différentes provinces d'Ontario, Québec, la Nouvelle-Écosse et le Nouveau-Brunswick, dans lesquelles ils sont sis et situés, ou exigibles, restant toujours soumis aux charges dont ils sont grevés, ainsi qu'à tous intérêts autres que ceux que peut y avoir la province. (57)

---

(56) Maintenant visé par la *Loi sur le gouverneur général*, L.R.C. (1985), ch. **G-9.**

(57) La *Loi constitutionnelle de 1930*, 20-21 George V, ch. 26 (R.-U.), a placé le **Manitoba, l'Alberta et la Saskatchewan dans la même situation que les provinces originaires. Pour la Colombie-Britannique, voir les *Conditions de l'adhésion de la Colombie-Britannique*, décret en conseil du 16 mai 1871, et la *Loi constitutionnelle de 1930*. Terre-Neuve a été placée dans la même situation par la *Loi sur**

Actif et dettes provinciales

110. La totalité de l'actif inhérent aux portions de la dette publique assumées par chaque province, appartiendra à cette province.

Responsabilité des dettes
provinciales

111. Le Canada sera responsable des dettes et obligations de chaque province existantes lors de l'union.

Responsabilité des dettes d'Ontario
et Québec

112. Les provinces d'Ontario et Québec seront conjointement responsables envers le Canada de l'excédent (s'il en est) de la dette de la province du Canada, si, lors de l'union, elle dépasse soixante-deux millions cinq cent mille piastres, et tenues au paiement de l'intérêt de cet excédent au taux de cinq pour cent par année.

Actif d'Ontario et Québec

113. L'actif énuméré dans la quatrième annexe de la présente loi, appartenant, lors de l'union, à la province du Canada, sera la propriété d'Ontario et Québec conjointement.

Dette de la Nouvelle-Écosse

114. La Nouvelle-Écosse sera responsable envers le Canada de l'excédent (s'il en est) de sa dette publique si, lors de l'union, elle dépasse huit millions de piastres, et tenue au paiement de l'intérêt de cet excédent au taux de cinq pour cent par année. (58)

Dette du Nouveau-Brunswick

115. Le Nouveau-Brunswick sera responsable envers le Canada de l'excédent (s'il en est) de sa dette publique, si lors de l'union, elle dépasse sept millions de piastres, et tenu au paiement de l'intérêt de cet excédent au taux de cinq pour cent par année.

Paiement d'intérêt à la
Nouvelle-Écosse et au
Nouveau-Brunswick

116. Dans le cas où, lors de l'union, les dettes publiques de la Nouvelle-Écosse et du Nouveau-Brunswick seraient respectivement moindres

---

Terre-Neuve, 12-13 George VI, ch. 22 (R.-U.). Quant à l'Île-du-Prince-Édouard, voir l'annexe aux *Conditions de l'adhésion de l'Île-du-Prince-Édouard*, décret en conseil du 26 juin 1873.

(58) Les obligations imposées par le présent article et les articles 115 et 116, ainsi que les obligations du même genre prévues par les instruments créant ou admettant d'autres provinces, ont été insérées dans la législation du Parlement canadien et se trouvent actuellement dans la *Loi sur les subventions aux provinces*, L.R.C. (1985), ch. P-26.

que huit millions et sept millions de piastres, ces provinces auront droit de recevoir, chacune, du gouvernement du Canada, en paiements semi-annuels et d'avance, l'intérêt au taux de cinq pour cent par année sur la différence qui existera entre le chiffre réel de leurs dettes respectives et le montant ainsi arrêté.

Propriétés publiques provinciales

117. Les diverses provinces conserveront respectivement toutes leurs propriétés publiques dont il n'est pas autrement disposé dans la présente loi,— sujettes au droit du Canada de prendre les terres ou les propriétés publiques dont il aura besoin pour les fortifications ou la défense du pays.

118. Abrogé. (59)

---

(59) Abrogé par la *Loi de 1950 sur la revision du droit statutaire*, 14 George VI, ch. 6 (R.-U.). Texte de l'article original :

118. Les sommes suivantes seront annuellement payées par le Canada aux diverses provinces pour le maintien de leurs gouvernements et législatures :

Ontario	$80,000
Québec	70,000
Nouvelle-Écosse	60,000
Nouveau-Brunswick	50,000
Total	$260,000

Et chaque province aura droit à une subvention annuelle de quatre-vingts centins par chaque tête de la population, constatée par le recensement de mil huit cent soixante-et-un, et—en ce qui concerne la Nouvelle-Écosse et le Nouveau-Brunswick—par chaque recensement décennal subséquent, jusqu'à ce que la population de chacune de ces deux provinces s'élève à quatre cent mille âmes, chiffre auquel la subvention demeurera dès lors fixée. Ces subventions libéreront à toujours le Canada de toutes autres réclamations, et elles seront payées semi-annuellement et d'avance à chaque province; mais le gouvernement du Canada déduira de ces subventions, à l'égard de chaque province, toutes sommes d'argent exigibles comme intérêt sur la dette publique de cette province si elle excède les divers montants stipulés dans le présent acte.

L'article était devenu désuet en raison de la *Loi constitutionnelle de 1907*, 7 Édouard VII, ch. 11 (R.-U.), laquelle déclarait :

1. (1) Les sommes ci-dessous mentionnées seront payées annuellement par le Canada à chaque province qui au commencement de la présente loi est une province du Dominion, pour ses fins locales, et pour le soutien de son gouvernement et de sa législature :

a) Un subside fixe

si la population de la province est de moins de cent cinquante mille, de cent mille dollars;

si la population de la province est de cent cinquante mille, mais ne dépasse pas deux cent mille, de cent cinquante mille dollars;

si la population de la province est de deux cent mille mais ne dépasse pas quatre cent mille, de cent quatre-vingt mille dollars;

si la population de la province est de quatre cent mille mais ne dépasse pas huit cent mille, de cent quatre-vingt-dix mille dollars;

si la population de la province est de huit cent mille, mais ne dépasse pas un million cinq cent mille, de deux cent vingt mille dollars;

si la population de la province dépasse un million cinq cent mille, de deux cent quarante mille dollars;

Subvention additionnelle au
Nouveau-Brunswick

119. Le Nouveau-Brunswick recevra du Canada, en paiements semi-annuels et d'avance, durant une période de dix ans à compter de l'union, une subvention supplémentaire de soixante-trois mille piastres par année; mais tant que la dette publique de cette province restera au dessous de sept millions de piastres, il sera déduit sur cette somme de soixante-trois mille piastres, un montant égal à l'intérêt à cinq pour cent par année sur telle différence. (60)

---

b) Subordonnément aux dispositions spéciales de la présente loi touchant les provinces de la Colombie-Britannique et de l'Île-du-Prince-Édouard, un subside au taux de quatre-vingts cents par tête de la population de la province jusqu'à deux millions cinq cent mille, et au taux de soixante cents par tête de la population qui dépasse ce nombre.

(2) Un subside additionnel de cent mille dollars sera payé annuellement à la province de la Colombie-Britannique durant dix ans à compter du commencement de la présente loi.

(3) La population d'une province sera constatée de temps à autre dans le cas des provinces du Manitoba, de la Saskatchewan et de l'Alberta respectivement, d'après le dernier recensement quinquennal ou estimation statutaire de la population faite en vertu des lois constitutives de ces provinces ou de toute autre loi du Parlement du Canada statuant à cet effet, et dans le cas de toute autre province par le dernier recensement décennal pour le temps d'alors.

(4) Les subsides payables en vertu de la présente loi seront versés semi-annuellement à l'avance à chaque province.

(5) Les subsides payables en vertu de la présente loi seront substitués aux subsides (désignés subsides actuels dans la présente loi) payables pour les mêmes fins lors de la mise en force de la présente loi aux diverses provinces du Dominion en vertu des dispositions de l'article cent dix-huit de la *Loi constitutionnelle de 1867*, ou de tout arrêté en conseil constituant une province ou de toute loi du Parlement du Canada, contenant des instructions pour le paiement de tout tel subside, et les susdites dispositions cesseront leur effet.

(6) Le gouvernement du Canada aura le même pouvoir de déduire de ces subsides les sommes imputées sur une province à compte de l'intérêt sur la dette publique dans le cas du subside payable en vertu de la présente loi à la province, qu'il a dans le cas du subside actuel.

(7) Rien de contenu dans la présente loi n'invalidera l'obligation du Canada de payer à une province tout subside qui est payable à cette province, autre que le subside actuel auquel est substitué le présent subside.

(8) Dans le cas des provinces de la Colombie-Britannique et de l'Île-du-Prince-Édouard, le montant payé à compte du subside payable par tête de la population aux provinces en vertu de la présente loi, ne sera jamais moindre que le montant du subside correspondant payable au commencement de la présente loi; et s'il est constaté lors de tout recensement décennal que la population de la province a diminué depuis le dernier recensement décennal, le montant payé à compte du subside ne sera pas diminué au-dessous du montant alors payable, nonobstant la diminution de la population.

Voir la *Loi sur les subventions aux provinces*, L.R.C. (1985), ch. P-26, et la *Loi sur les arrangements fiscaux entre le gouvernement fédéral et les provinces*, L.R.C. (1985), ch. F-8.

Voir également la partie III de la *Loi constitutionnelle de 1982* qui énonce les engagements du Parlement et des législatures des provinces relatifs à l'égalité des chances, au développement économique et aux services publics essentiels ainsi que l'engagement de principe du Parlement et du gouvernement du Canada de faire des paiements de péréquation.

(60) Périmé.

Forme des paiements

120. Tous les paiements prescrits par la présente loi, ou destinés à éteindre les obligations contractées en vertu d'une loi des provinces du Canada, de la Nouvelle-Écosse et du Nouveau-Brunswick respectivement et assumés par le Canada, seront faits, jusqu'à ce que le parlement du Canada l'ordonne autrement, en la forme et manière que le gouverneur-général en conseil pourra prescrire de temps à autre.

Manufactures canadiennes, etc.

121. Tous articles du crû, de la provenance ou manufacture d'aucune des provinces seront, à dater de l'union, admis en franchise dans chacune des autres provinces.

Continuation des lois de douane et
d'accise

122. Les lois de douane et d'accise de chaque province demeureront en force, sujettes aux dispositions de la présente loi, jusqu'à ce qu'elles soient modifiées par le parlement du Canada. (61)

Exportation et importation entre
deux provinces

123. Dans le cas où des droits de douane seraient, à l'époque de l'union, imposables sur des articles, denrées ou marchandises, dans deux provinces, ces articles, denrées ou marchandises pourront, après l'union, être importés de l'une de ces deux provinces dans l'autre, sur preuve du paiement des droits de douane dont ils sont frappés dans la province d'où ils sont exportés, et sur paiement de tout surplus de droits de douane (s'il en est) dont ils peuvent être frappés dans la province où ils sont importés. (62)

Impôts sur les bois au
Nouveau-Brunswick

124. Rien dans la présente loi ne préjudiciera au privilège garanti au Nouveau-Brunswick de prélever sur les bois de construction les droits établis par le chapitre quinze du titre trois des statuts revisés du Nouveau-Brunswick, ou par toute loi l'amendant avant ou après l'union, mais n'augmentant pas le chiffre de ces droits; et les bois de construction des provinces autres que le Nouveau-Brunswick ne seront pas passibles de ces droits. (63)

---

(61) Périmé. **Maintenant visé par la** *Loi sur les douanes*, **L.R.C. (1985), ch. 1 (2ᵉ suppl.), le** *Tarif des douanes*, **L.C. 1997, ch. 36, la** *Loi sur l'accise*, **L.R.C. (1985), ch. E-14, et la** *Loi sur la taxe d'accise*, **L.R.C. (1985), ch. E-15.**

(62) **Périmé.**

(63) **Ces droits ont été abrogés en 1873 par le ch. 16 de 36 Victoria (N.-B.). Consulter aussi l'**Acte concernant les droits d'exportation imposés sur les bois de construction par la Législature de la Province du Nouveau-Brunswick*, **36 Victoria, ch. 41, et l'article 2 de la** *Loi sur les subventions aux provinces*, **L.R.C. (1985), ch. P-26.**

Terres publiques, etc., exemptées
des taxes

125. Nulle terre ou propriété appartenant au Canada ou à aucune province en particulier ne sera sujette à la taxation.

Fonds consolidé du revenu
provincial

126. Les droits et revenus que les législatures respectives du Canada, de la Nouvelle-Écosse et du Nouveau-Brunswick avaient, avant l'union, le pouvoir d'approprier, et qui sont, par la présente loi, réservés aux gouvernements ou législatures des provinces respectives, et tous les droits et revenus perçus par elles conformément aux pouvoirs spéciaux qui leur sont conférés par la présente loi, formeront dans chaque province un fonds consolidé de revenu qui sera approprié au service public de la province.

IX. DISPOSITIONS DIVERSES

Dispositions Générales

127. Abrogé. (64)

Serment d'allégeance, etc.

128. Les membres du Sénat ou de la Chambre des Communes du Canada devront, avant d'entrer dans l'exercice de leurs fonctions, prêter et souscrire, devant le gouverneur-général ou quelque personne à ce par lui autorisée,—et pareillement, les membres du conseil législatif ou de l'assemblée législative d'une province devront, avant d'entrer dans l'exercice de leurs fonctions, prêter et souscrire, devant le lieutenant-gouverneur de la province ou quelque personne à ce par lui autorisée,—le serment d'allégeance énoncé dans la cinquième annexe de la présente loi; et les membres du Sénat du Canada et du conseil législatif de Québec devront aussi, avant d'entrer dans l'exercice de leurs fonctions, prêter et souscrire, devant le gouverneur-général ou quelque personne à ce par lui autorisée, la déclaration des qualifications énoncée dans la même annexe.

Les lois, tribunaux et fonctionnaires
actuels continueront d'exister, etc.

129. Sauf toute disposition contraire prescrite par la présente loi,—toutes les lois en force en Canada, dans la Nouvelle-Écosse ou le

---

(64) Abrogé par la *Loi de 1893 sur la revision du droit statutaire*, **56-57 Victoria, ch. 14 (R.-U.). Texte de l'article original :**

> **127.** Quiconque étant, lors de la passation du présent acte, membre du conseil législatif du Canada, de la Nouvelle-Écosse ou du Nouveau-Brunswick, et auquel un siège dans le Sénat sera offert, ne l'acceptera pas dans les trente jours, par écrit revêtu de son seing et adressé au gouverneur-général de la province du Canada ou au lieutenant-gouverneur de la Nouvelle-Écosse ou du Nouveau-Brunswick (selon le cas), sera censé l'avoir refusé; et quiconque étant, lors de la passation du présent acte, membre du conseil législatif de la Nouvelle-Écosse ou du Nouveau-Brunswick, et acceptera un siège dans le Sénat, perdra par le fait même son siège à ce conseil législatif.

Nouveau-Brunswick, lors de l'union,—tous les tribunaux de juridiction civile et criminelle,—toutes les commissions, pouvoirs et autorités ayant force légale,—et tous les officiers judiciaires, administratifs et ministériels, en existence dans ces provinces à l'époque de l'union, continueront d'exister dans les provinces d'Ontario, de Québec, de la Nouvelle-Écosse et du Nouveau-Brunswick respectivement, comme si l'union n'avait pas eu lieu; mais ils pourront, néanmoins (sauf les cas prévus par des lois du parlement de la Grande-Bretagne ou du parlement du Royaume-Uni de la Grande-Bretagne et d'Irlande), être révoqués, abolis ou modifiés par le parlement du Canada, ou par la législature de la province respective, conformément à l'autorité du parlement ou de cette législature en vertu de la présente loi. (65)

Fonctionnaires transférés au service
du Canada

130. Jusqu'à ce que le parlement du Canada en ordonne autrement,—tous les officiers des diverses provinces ayant à remplir des devoirs relatifs à des matières autres que celles tombant dans les catégories de sujets assignés exclusivement par la présente loi aux législatures des provinces, seront officiers du Canada et continueront à remplir les devoirs de leurs charges respectives sous les mêmes obligations et pénalités que si l'union n'avait pas eu lieu. (66)

Nomination des nouveaux officiers

131. Jusqu'à ce que le parlement du Canada en ordonne autrement,—le gouverneur-général en conseil pourra de temps à autre nommer les officiers qu'il croira nécessaires ou utiles à l'exécution efficace de la présente loi.

Obligations naissant des traités

132. Le parlement et le gouvernement du Canada auront tous les pouvoirs nécessaires pour remplir envers les pays étrangers, comme portion de l'empire Britannique, les obligations du Canada ou d'aucune de ses provinces, naissant de traités conclus entre l'empire et ces pays étrangers.

Usage facultatif et obligatoire des
langues française et anglaise

133. Dans les chambres du parlement du Canada et les chambres de la législature de Québec, l'usage de la langue française ou de la langue anglaise, dans les débats, sera facultatif; mais dans la rédaction des archives, procès-verbaux et journaux respectifs de ces chambres, l'usage de ces deux langues sera obligatoire; et dans toute plaidoirie ou pièce de procédure par-devant les tribunaux ou émanant des tribunaux du Canada qui seront

---

(65) Le *Statut de Westminster de 1931*, **22 George V, ch. 4 (R.-U.), a supprimé la restriction frappant la modification ou l'abrogation de lois édictées par le Royaume-Uni ou existant sous l'autorité des lois de celui-ci, sauf à l'égard de certains documents constitutionnels. La partie V de la *Loi constitutionnelle de 1982* prévoit la procédure de modification de la Constitution du Canada.**

(66) Périmé.

établis sous l'autorité de la présente loi, et par-devant tous les tribunaux ou émanant des tribunaux de Québec, il pourra être fait également usage, à faculté, de l'une ou de l'autre de ces langues.

Les lois du parlement du Canada et de la législature de Québec devront être imprimées et publiées dans ces deux langues. (67)

Ontario et Québec

Nomination des fonctionnaires
exécutifs pour Ontario et Québec

134. Jusqu'à ce que la législature d'Ontario ou de Québec en ordonne autrement,—les lieutenants-gouverneurs d'Ontario et de Québec pourront, chacun, nommer sous le grand sceau de la province, les fonctionnaires suivants qui resteront en charge durant bon plaisir, savoir : le procureur-général, le secrétaire et régistraire de la province, le trésorier de la province, le commissaire des terres de la couronne, et le commissaire d'agriculture et des travaux publics, et,—en ce qui concerne Québec,—le solliciteur-général; ils pourront aussi, par ordonnance du lieutenant-gouverneur en conseil, prescrire de temps à autre les attributions de ces fonctionnaires et des divers départements placés sous leur contrôle ou dont ils relèvent, et des officiers et employés y attachés; et ils pourront également nommer d'autres fonctionnaires qui resteront en charge durant bon plaisir, et prescrire, de temps à autre, leurs attributions et celles des divers départements

---

(67) Une disposition semblable a été édictée pour le Manitoba par l'article 23 de la *Loi de 1870 sur le Manitoba*, 33 Victoria, ch. 3 (confirmée par la *Loi constitutionnelle de 1871*, 34-35 Victoria, ch. 28 (R.-U.)). Texte de l'article 23 de la *Loi de 1870 sur le Manitoba* :

> **23.** L'usage de la langue française ou de la langue anglaise sera facultatif dans les débats des Chambres de la législature; mais dans la rédaction des archives, procès-verbaux et journaux respectifs de ces chambres, l'usage de ces deux langues sera obligatoire; et dans toute plaidoirie ou pièce de procédure par devant les tribunaux ou émanant des tribunaux du Canada, qui sont établis sous l'autorité de la *Loi constitutionnelle de 1867*, et par devant tous les tribunaux ou émanant des tribunaux de la province, il pourra être également fait usage à faculté, de l'une ou l'autre de ces langues. Les lois de la législature seront imprimées et publiées dans ces deux langues.

Les articles 17 à 19 de la *Loi constitutionnelle de 1982* énoncent de nouveau les droits linguistiques que prévoit l'article 133 à l'égard du Parlement et des tribunaux qui sont établis en vertu de la *Loi constitutionnelle de 1867* et garantissent également ces droits à l'égard de la législature du Nouveau-Brunswick et des tribunaux de cette province.

Les articles 16, 20, 21 et 23 de la *Loi constitutionnelle de 1982* reconnaissent des droits linguistiques additionnels concernant la langue française et la langue anglaise; l'article 22 préserve les droits linguistiques et les privilèges des langues autres que le français et l'anglais.

placés sous leur contrôle ou dont ils relèvent, et des officiers et employés y attachés. (68)

Pouvoirs, devoirs, etc., des
fonctionnaires exécutifs

135. Jusqu'à ce que la législature d'Ontario ou de Québec en ordonne autrement,—tous les droits, pouvoirs, devoirs, fonctions, obligations ou attributions conférés ou imposés aux procureur-général, solliciteur-général, secrétaire et régistraire de la province du Canada, ministre des finances, commissaire des terres de la couronne, commissaire des travaux publics, et ministre de l'agriculture et receveur-général, lors de la passation de la présente loi, par toute loi, statut ou ordonnance du Haut-Canada, du Bas-Canada ou du Canada,—n'étant pas d'ailleurs incompatibles avec la présente loi,—seront conférés ou imposés à tout fonctionnaire qui sera nommé par le lieutenant-gouverneur pour l'exécution de ces fonctions ou d'aucune d'elles; le commissaire d'agriculture et des travaux publics remplira les devoirs et les fonctions de ministre d'agriculture prescrits, lors de la passation de la présente loi, par la loi de la province du Canada, ainsi que ceux de commissaire des travaux publics. (69)

Grands sceaux

136. Jusqu'à modification par le lieutenant-gouverneur en conseil,—les grands sceaux d'Ontario et de Québec respectivement seront les mêmes ou d'après le même modèle que ceux usités dans les provinces du Haut et du Bas-Canada respectivement avant leur union comme province du Canada.

Interprétation des lois temporaires

137. Les mots «et de là jusqu'à la fin de la prochaine session de la législature», ou autres mots de la même teneur, employés dans une loi temporaire de la province du Canada non-expirée avant l'union, seront censés signifier la prochaine session du parlement du Canada, si l'objet de la loi tombe dans la catégorie des pouvoirs attribués à ce parlement et définis dans la présente constitution, si non, aux prochaines sessions des législatures d'Ontario et de Québec respectivement, si l'objet de la loi tombe dans la catégorie des pouvoirs attribués à ces législatures et définis dans la présente loi.

Citations erronées

138. Depuis et après l'époque de l'union, l'insertion des mots «Haut-Canada» au lieu «d'Ontario», ou «Bas-Canada» au lieu de «Québec», dans tout acte, bref, procédure, plaidoirie, document, matière ou chose, n'aura pas l'effet de l'invalider.

---

(68) **Périmé. Ces dispositions sont maintenant prévues, en Ontario, par la *Loi sur le Conseil exécutif*, L.R.O. 1990, ch. E.25 et, au Québec, par la *Loi sur l'exécutif*, L.R.Q. 1977, ch. E-18.**

(69) **Probablement périmé.**

Proclamations ne devant prendre
effet qu'après l'union

139. Toute proclamation sous le grand sceau de la province du Canada, lancée antérieurement à l'époque de l'union, pour avoir effet à une date postérieure à l'union, qu'elle ait trait à cette province ou au Haut-Canada ou au Bas-Canada, et les diverses matières et choses y énoncées auront et continueront d'y avoir la même force et le même effet que si l'union n'avait pas eu lieu. (70)

Proclamations lancées après l'union

140. Toute proclamation dont l'émission sous le grand sceau de la province du Canada est autorisée par quelque loi de la législature de la province du Canada,—qu'elle ait trait à cette province ou au Haut-Canada ou au Bas-Canada,—et qui n'aura pas été lancée avant l'époque de l'union, pourra l'être par le lieutenant-gouverneur d'Ontario ou de Québec (selon le cas), sous le grand sceau de la province; et, à compter de l'émission de cette proclamation, les diverses matières et choses y énoncées auront et continueront d'avoir la même force et le même effet dans Ontario ou Québec que si l'union n'avait pas eu lieu. (71)

Pénitencier

141. Le pénitencier de la province du Canada, jusqu'à ce que le parlement du Canada en ordonne autrement, sera et continuera d'être le pénitencier d'Ontario et de Québec. (72)

Dettes renvoyées à l'arbitrage

142. Le partage et la répartition des dettes, crédits, obligations, propriétés et de l'actif du Haut et du Bas-Canada seront renvoyés à la décision de trois arbitres, dont l'un sera choisi par le gouvernement d'Ontario, l'un par le gouvernement de Québec, et l'autre par le gouvernement du Canada; le choix des arbitres n'aura lieu qu'après que le parlement du Canada et les législatures d'Ontario et de Québec auront été réunis; l'arbitre choisi par le gouvernement du Canada ne devra être domicilié ni dans Ontario ni dans Québec. (73)

Partage des archives

143. Le gouverneur-général en conseil pourra de temps à autre ordonner que les archives, livres et documents de la province du Canada qu'il jugera à propos de désigner, soient remis et transférés à Ontario ou à Québec, et ils deviendront dès lors la propriété de cette province; toute copie ou extrait de

---

(70) Probablement périmé.

(71) Probablement périmé.

(72) Périmé. La *Loi sur le système correctionnel et la mise en liberté sous condition*, **L.C. 1992, ch. 20, est maintenant applicable.**

(73) Périmé. Voir les pages (xi) et (xii) des Comptes publics de 1902-1903.

ces documents, dûment certifiée par l'officier ayant la garde des originaux, sera reçue comme preuve. (74)

Établissement de townships dans
Québec

144. Le lieutenant-gouverneur de Québec pourra, de temps à autre, par proclamation sous le grand sceau de la province devant venir en force au jour y mentionné, établir des townships dans les parties de la province de Québec dans lesquelles il n'en a pas encore été établi, et en fixer les tenants et aboutissants.

X. CHEMIN DE FER INTERCOLONIAL

145. Abrogé. (75)

XI. ADMISSION DES AUTRES COLONIES

Pouvoir d'admettre Terreneuve, etc.

146. Il sera loisible à la Reine, de l'avis du très-honorable Conseil Privé de Sa Majesté, sur la présentation d'adresses de la part des chambres du Parlement du Canada, et des chambres des législatures respectives des colonies ou provinces de Terreneuve, de l'Île du Prince Édouard et de la Colombie Britannique, d'admettre ces colonies ou provinces, ou aucune d'elles dans l'union,—et, sur la présentation d'adresses de la part des chambres du parlement du Canada, d'admettre la Terre de Rupert et le Territoire du Nord-Ouest, ou l'une ou l'autre de ces possessions, dans l'union, aux termes et conditions, dans chaque cas, qui seront exprimés dans les adresses et que la Reine jugera convenable d'approuver, conformément à la présente; les dispositions de tous ordres en conseil rendus à cet égard, auront le même effet que si elles avaient été décrétées par le parlement du Royaume-Uni de la Grande-Bretagne et d'Irlande. (76)

---

(74) Probablement périmé. Deux arrêtés prévus par cet article ont été pris le 24 janvier 1868.

(75) Abrogé par la *Loi de 1893 sur la revision du droit statutaire*, 56-57 Victoria, ch. 14 (R.-U.). L'article prévoyait ce qui suit :

X. CHEMIN DE FER INTERCOLONIAL

145. Considérant que les provinces du Canada, de la Nouvelle-Écosse et du Nouveau-Brunswick ont, par une commune déclaration, exposé que la construction du chemin de fer intercolonial était essentielle à la consolidation de l'union de l'Amérique du Nord britannique, et à son acceptation par la Nouvelle-Écosse et le Nouveau-Brunswick, et qu'elles ont en conséquence arrêté que le gouvernement du Canada devait l'entreprendre sans délai : à ces causes, pour donner suite à cette convention, le gouvernement et le parlement du Canada seront tenus de commencer, dans les six mois qui suivront l'union, les travaux de construction d'un chemin de fer reliant le fleuve St. Laurent à la cité d'Halifax dans la Nouvelle-Écosse et de les terminer sans interruption et avec toute la diligence possible.

(76) Tous les territoires mentionnés à cet article font actuellement partie du Canada. Voir la note relative à l'article 5, *supra*.

Représentation de Terreneuve et
l'Île du Prince-Édouard au Sénat

147. Dans le cas de l'admission de Terreneuve et de l'Île du Prince Édouard, ou de l'une ou de l'autre de ces colonies, chacune aura droit d'être représentée par quatre membres dans le Sénat du Canada; et (nonobstant toute disposition contraire énoncée dans la présente loi) dans le cas de l'admission de Terreneuve, le nombre normal des sénateurs sera de soixante-seize et son maximum de quatre-vingt-deux; mais lorsque l'Île du Prince Édouard sera admise, elle sera censée comprise dans la troisième des trois divisions en lesquelles le Canada est, relativement à la composition du Sénat, partagé par la présente loi; et, en conséquence, après l'admission de l'Île du Prince Édouard, que Terreneuve soit admise ou non, la représentation de la Nouvelle-Écosse et du Nouveau-Brunswick dans le Sénat, au fur et à mesure que des sièges deviendront vacants, sera réduite de douze à dix membres respectivement; la représentation de chacune de ces provinces ne sera jamais augmentée au delà de dix membres, sauf sous l'autorité des dispositions de la présente loi relatives à la nomination de trois ou six sénateurs supplémentaires en conséquence d'un ordre de la Reine. (77)

---

(77) Périmé. **Voir les notes relatives aux articles 21, 22, 26, 27 et 28,** *supra*.

ANNEXES

PREMIÈRE ANNEXE (78)

Districts électoraux d'Ontario

A

DIVISIONS ÉLECTORALES ACTUELLES

COMTÉS

1. Prescott.
2. Glengarry.
3. Stormont.
4. Dundas.
5. Russell.

6. Carleton.
7. Prince Edouard.
8. Halton.
9. Essex.

DIVISIONS DE COMTÉS

10. Division nord de Lanark.
11. Division sud de Lanark.
12. Division nord de Leeds et division nord de Grenville.
13. Division sud de Leeds.
14. Division sud de Grenville.
15. Division est de Northumberland.
16. Division ouest de Northumberland (sauf le township de Monaghan sud).
17. Division est de Durham.
18. Division ouest de Durham.
19. Division nord d'Ontario.
20. Division sud d'Ontario.
21. Division est d'York.
22. Division ouest d'York.
23. Division nord d'York.
24. Division nord de Wentworth.
25. Division sud de Wentworth.
26. Division est d'Elgin.
27. Division ouest d'Elgin.
28. Division nord de Waterloo.
29. Division sud de Waterloo.
30. Division nord de Brant.
31. Division sud de Brant.
32. Division nord d'Oxford.
33. Division sud d'Oxford.
34. Division est de Middlesex.

---

(78) Périmé. Voir la *Loi sur la représentation électorale*, L.R.O. 1990, ch. R.26.

35. Toronto ouest.
36. Toronto est.
37. Hamilton.
38. Ottawa.
39. Kingston.
40. London.
41. Ville de Brockville, avec le township d'Elizabethtown y annexé.
42. Ville de Niagara, avec le township de Niagara y annexé.
43. Ville de Cornwall, avec le township de Cornwall y annexé.

B

NOUVELLES DIVISIONS ÉLECTORALES

44. Le district judiciaire provisoire d'ALGOMA.

Le comté de BRUCE, partagé en deux divisions appelées respectivement divisions nord et sud :—

45. La division nord de Bruce comprendra les townships de Bury, Lindsay, Eastnor, Albemarle, Amabel, Arran, Bruce, Elderslie, et Saugeen, et le village de Southampton.

46. La division sud de Bruce comprendra les townships de Kincardine (y compris le village de Kincardine), Greenock, Brant, Huron, Kinross, Culross, et Carrick.

Le comté de HURON, séparé en deux divisions, appelées respectivement divisions nord et sud :—

47. La division nord comprendra les townships d'Ashfield, Wawanosh, Turnbury, Howick, Morris, Grey, Colborne, Hullett, y compris le village de Clinton, et McKillop.

48. La division sud comprendra la ville de Goderich et les townships de Goderich, Tuckersmith, Stanley, Hay, Usborne et Stephen.

Le comté de MIDDLESEX, partagé en trois divisions, appelées respectivement divisions nord, ouest et est :—

49. La division nord comprendra les townships de McGillivray et Biddulph (soustraits au comté de Huron) et Williams Est, Williams Ouest, Adélaïde et Lobo.

50. La division ouest comprendra les townships de Delaware, Carradoc, Metcalfe, Mosa, et Ekfrid et le village de Strathroy.

[La division est comprendra les townships qu'elle renferme actuellement, et sera bornée de la même manière.]

51. Le comté de LAMBTON comprendra les townships de Bosanquet, Warwick, Plympton, Sarnia, Moore, Enniskillen, et Brooke, et la ville de Sarnia.

52. Le comté de KENT comprendra les townships de Chatham, Dover, Tilbury Est, Romney, Raleigh, et Harwich, et la ville de Chatham.

53. Le comté de BOTHWELL comprendra les townships de Sombra, Dawn et Euphemia (soustraits au comté de Lambton), et les townships de Zone, Camden et son augmentation, Orford et Howard (soustraits au comté de Kent).

Le comté de GREY, partagé en deux divisions, appelées respectivement divisions sud et nord :—

54. La division sud comprendra les townships de Bentinck, Glenelg, Artemesia, Osprey, Normandy, Egremont, Proton et Melancthon.

55. La division nord comprendra les townships de Collingwood, Euphrasia, Holland, Saint-Vincent, Sydenham, Sullivan, Derby et Keppel, Sarawak et Brooke, et la ville d'Owen Sound.

Le comté de PERTH, partagé en deux divisions, appelées respectivement divisions sud et nord :—

56. La division nord comprendra les townships de Wallace, Elma, Logan, Ellice, Mornington, et Easthope Nord, et la ville de Stratford.

57. La division sud comprendra les townships de Blanchard, Downie, South Easthope, Fullarton, Hibbert et les villages de Mitchell et Ste. Marys.

Le comté de WELLINGTON, partagé en trois divisions, appelées respectivement divisions nord, sud et centre :—

58. La division nord comprendra les townships de Amaranth, Arthur, Luther, Minto, Maryborough, Peel et le village de Mount Forest.

59. La division centre comprendra les townships de Garafraxa, Erin, Eramosa, Nichol, et Pilkington, et les villages de Fergus et Elora.

60. La division sud comprendra la ville de Guelph, et les townships de Guelph et Puslinch.

Le comté de NORFOLK, partagé en deux divisions, appelées respectivement divisions sud et nord :—

61. La division sud comprendra les townships de Charlotteville, Houghton, Walsingham, et Woodhouse et son augmentation.

62. La division nord comprendra les townships de Middleton, Townsend, et Windham, et la ville de Simcoe.

63. Le comté d'HALDIMAND comprendra les townships de Oneida, Seneca, Cayuga nord, Cayuga sud, Raynham, Walpole et Dunn.

64. Le comté de MONCK comprendra les townships de Canborough et Moulton et Sherbrooke, et le village de Danville (soustraits au comté d'Haldimand), les townships de Caistor et Gainsborough (soustraits au comté de Lincoln) et les townships de Pelham et Wainfleet (soustraits au comté de Welland).

65. Le comté de LINCOLN comprendra les townships de Clinton, Grantham, Grimsby, et Louth, et la ville de Ste. Catherines.

66. Le comté de WELLAND comprendra les townships de Berthie, Crowland, Humberstone, Stamford, Thorold, et Willoughby, et les villages de Chippewa, Clifton, Fort Erié, Thorold et Welland.

67. Le comté de PEEL comprendra les townships de Chinguacousy, Toronto et l'augmentation de Toronto, et les villages de Brampton et Streetsville.

68. Le comté de CARDWELL comprendra les townships de Albion et Caledon (soustraits au comté de Peel), et les townships de Adjala et Mono (soustraits au comté de Simcoe).

Le comté de SIMCOE, partagé en deux divisions, appelées respectivement divisions sud et nord :—

69. La division sud comprendra les townships de Gwillimbury ouest, Tecumseth, Innisfil, Essa, Tosorontio, Mulmur, et le village de Bradford.

70. La division nord comprendra les townships de Nottawasaga, Sunnidale, Vespra, Flos, Oro, Medonte, Orillia et Matchedash, Tiny et Tay, Balaklava et Robinson, et les villes de Barrie et Collingwood.

Le comté de VICTORIA, partagé en deux divisions, appelées respectivement divisions sud et nord :—

71. La division sud comprendra les townships de Ops, Mariposa, Emily, Verulam et la ville de Lindsay.

72. La division nord comprendra les townships de Anson, Bexley, Carden, Dalton, Digby, Eldon, Fénélon, Hindon, Laxton, Lutterworth, Macaulay et Draper, Sommerville et Morrison, Muskoka, Monck et Watt (soustraits au comté de Simcoe), et tous autres townships arpentés au nord de cette division.

Le comté de PETERBOROUGH, partagé en deux divisions, appelées respectivement divisions ouest et est :—

73. La division ouest comprendra les townships de Monaghan sud (soustrait au comté de Northumberland), Monaghan Nord, Smith, Ennismore et la ville de Peterborough.

74. La division est comprendra les townships d'Asphodel, Belmont et Methuen, Douro, Dummer, Galway, Harvey, Minden, Stanhope et Dysart, Otonabee et Snowden et le village de Ashburnham, et tous autres townships arpentés au nord de cette division.

Le comté de HASTINGS, partagé en trois divisions, appelées respectivement divisions ouest, est et nord :—

75. La division ouest comprendra la ville de Belleville, le township de Sydney, et le village de Trenton.

76. La division est comprendra les townships de Thurlow, Tyendinaga, et Hungerford.

77. La division nord comprendra les townships de Rawdon, Huntingdon, Madoc, Elzevir, Tudor, Marmora et Lake, et le village de Stirling, et tous autres townships arpentés au nord de cette division.

78. Le comté de LENNOX comprendra les townships de Richmond, Adolphustown, Fredericksburgh nord, Fredericksburgh sud, Ernest Town et l'Isle Amherst, et le village de Napanee.

79. Le comté d'ADDINGTON comprendra les townships de Camden, Portland, Sheffield, Hinchinbrooke, Kaladar, Kennebec, Olden, Oso, Anglesea, Barrie, Clarendon, Palmerston, Effingham, Abinger, Miller, Canonto, Denbigh, Loughborough et Bedford.

80. Le comté de FRONTENAC comprendra les townships de Kingston, l'Ile Wolfe, Pittsburgh et l'Ile Howe, et Storrington.

Le comté de RENFREW, partagé en deux divisions, appelées respectivement divisions sud et nord :—

81. La division sud comprendra les townships de McNab, Bagot, Blithfield, Brougham, Horton, Admaston, Grattan, Matawatchan, Griffith, Lyndoch, Raglan, Radcliffe, Brudenell, Sebastopol, et les villages de Arnprior et Renfrew.

82. La division nord comprendra les townships de Ross, Bromley, Westmeath, Stafford, Pembroke, Wilberforce, Alice, Petawawa, Buchanan, Algoma sud, Algoma nord, Fraser, McKay, Wylie, Rolph, Head, Maria, Clara, Haggerty, Sherwood, Burns et Richard, et tous autres townships arpentés au nord-ouest de cette division.

Les villes et villages incorporés à l'époque de l'union, non mentionnés spécialement dans cette annexe, devront faire partie du comté ou de la division dans laquelle ils sont situés.

DEUXIÈME ANNEXE

Districts Électoraux de Québec spécialement fixés

COMTÉS DE—

Pontiac.	Missisquoi.	Compton.
Ottawa.	Brome.	Wolfe et
Argenteuil.	Shefford.	Richmond.
Huntingdon.	Stanstead.	Mégantic.

La ville de Sherbrooke.

TROISIÈME ANNEXE

Travaux et propriétés publiques de la province devant appartenir au Canada

1. Canaux, avec les terrains et pouvoirs d'eau y adjacents.

2. Havres publics.

3. Phares et quais, et l'Île de Sable.

4. Bateaux à vapeur, dragueurs et vaisseaux publics.

5. Améliorations sur les lacs et rivières.

6. Chemins de fer et actions dans les chemins de fer, hypothèques et autres dettes dues par les compagnies de chemins de fer.

7. Routes militaires.

8. Maisons de douane, bureaux de poste, et tous autres édifices publics, sauf ceux que le gouvernement du Canada destine à l'usage des législatures et des gouvernements provinciaux.

9. Propriétés transférées par le gouvernement impérial, et désignées sous le nom de propriétés de l'artillerie.

10. Arsenaux, salles d'exercice militaires, uniformes, munitions de guerre, et terrains réservés pour les besoins publics et généraux.

QUATRIÈME ANNEXE

Actif devenant la propriété commune d'Ontario et Québec

Fonds de bâtisse du Haut-Canada.
Asiles d'aliénés.
École Normale.
Palais de justice à
Aylmer,
Montréal,   } Bas-Canada.
Kamouraska,
Société des hommes de loi, Haut-Canada.
Commission des chemins à barrières de Montréal.
Fonds permanent de l'université.
Institution royale.
Fonds consolidé d'emprunt municipal, Haut-Canada.
Fonds consolidé d'emprunt municipal, Bas-Canada.
Société d'agriculture, Haut-Canada.
Octroi législatif en faveur du Bas-Canada.
Prêt aux incendiés de Québec.
Compte des avances, Témiscouata.
Commission des chemins à barrières de Québec.

Éducation–Est.

Fonds de bâtisse et de jurés, Bas-Canada.

Fonds des municipalités.

Fonds du revenu de l'éducation supérieure, Bas-Canada.

CINQUIÈME ANNEXE

SERMENT D'ALLÉGEANCE

Je, *A.B.*, jure que je serai fidèle et porterai vraie allégeance à Sa Majesté la Reine Victoria.

N.B.—Le nom du Roi ou de la Reine du Royaume-Uni de la Grande-Bretagne et d'Irlande, alors régnant, devra être inséré, au besoin, en termes appropriés.

DÉCLARATION DES QUALIFICATIONS EXIGÉES

Je, *A.B.*, déclare et atteste que j'ai les qualifications exigées par la loi pour être nommé membre du Sénat du Canada (*ou selon le cas*), et que je possède en droit ou en équité comme propriétaire, pour mon propre usage et bénéfice, des terres et tenements en franc et commun socage [*ou que je suis en bonne saisine ou possession, pour mon propre usage et bénéfice, de terres et tenements en franc-alleu ou en roture (selon le cas),*] dans la province de la Nouvelle-Écosse (*ou selon le cas*), de la valeur de quatre mille piastres, en sus de toutes rentes, dettes, charges, hypothèques et redevances qui peuvent être attachées, dues et payables sur ces immeubles ou auxquelles ils peuvent être affectés, et que je n'ai pas collusoirement ou spécieusement obtenu le titre ou la possession de ces immeubles, en tout ou en partie, dans le but de devenir membre du Sénat du Canada, (*ou selon le cas,*) et que mes biens mobiliers et immobiliers valent, somme toute, quatre mille piastres en sus de mes dettes et obligations.

SIXIÈME ANNEXE (79)

Production primaire tirée des ressources naturelles non renouvelables et des ressources forestières

1. Pour l'application de l'article 92A :

a) on entend par production primaire tirée d'une ressource naturelle non renouvelable :

> (i) soit le produit qui se présente sous la même forme que lors de son extraction du milieu naturel,

---

(79) Ajouté aux termes de l'article 51 de la *Loi constitutionnelle de 1982.*

(ii) soit le produit non manufacturé de la transformation, du raffinage ou de l'affinage d'une ressource, à l'exception du produit du raffinage du pétrole brut, du raffinage du pétrole brut lourd amélioré, du raffinage des gaz ou des liquides dérivés du charbon ou du raffinage d'un équivalent synthétique du pétrole brut;

b) on entend par production primaire tirée d'une ressource forestière la production constituée de billots, de poteaux, de bois d'oeuvre, de copeaux, de sciure ou d'autre produit primaire du bois, ou de pâte de bois, à l'exception d'un produit manufacturé en bois.

LOI CONSTITUTIONNELLE DE 1982 (80)

ANNEXE B

LOI CONSTITUTIONNELLE DE 1982

PARTIE I

CHARTE CANADIENNE DES DROITS ET LIBERTÉS

Attendu que le Canada est fondé sur des principes qui reconnaissent la suprématie de Dieu et la primauté du droit :

Garantie des droits et libertés

Droits et libertés au Canada

1. La *Charte canadienne des droits et libertés* garantit les droits et libertés qui y sont énoncés. Ils ne peuvent être restreints que par une règle de droit, dans des limites qui soient raisonnables et dont la justification puisse se démontrer dans le cadre d'une société libre et démocratique.

Libertés fondamentales

Libertés fondamentales

2. Chacun a les libertés fondamentales suivantes :

a) liberté de conscience et de religion;

---

(80) Édictée comme l'annexe B de la *Loi de 1982 sur le Canada*, 1982, ch. 11 (R.-U.), entrée en vigueur le 17 avril 1982. Texte de la *Loi de 1982 sur le Canada*, à l'exception de l'annexe B :

ANNEXE A — SCHEDULE A

Loi donnant suite à une demande du Sénat et de la Chambre des communes du Canada

Sa Très Excellente Majesté la Reine, considérant :

qu'à la demande et avec le consentement du Canada, le Parlement du Royaume-Uni est invité à adopter une loi visant à donner effet aux dispositions énoncées ci-après et que le Sénat et la Chambre des communes du Canada réunis en Parlement ont présenté une adresse demandant à Sa Très Gracieuse Majesté de bien vouloir faire déposer devant le Parlement du Royaume-Uni un projet de loi à cette fin,

sur l'avis et du consentement des Lords spirituels et temporels et des Communes réunis en Parlement, et par l'autorité de celui-ci, édicte :

1. La *Loi constitutionnelle de 1982*, énoncée à l'annexe B, est édictée pour le Canada et y a force de loi. Elle entre en vigueur conformément à ses dispositions.

2. Les lois adoptées par le Parlement du Royaume-Uni après l'entrée en vigueur de la *Loi constitutionnelle de 1982* ne font pas partie du droit du Canada.

3. La partie de la version française de la présente loi qui figure à l'annexe A a force de loi au Canada au même titre que la version anglaise correspondante.

4. Titre abrégé de la présente loi : *Loi de 1982 sur le Canada.*

b) liberté de pensée, de croyance, d'opinion et d'expression, y compris la liberté de la presse et des autres moyens de communication;

c) liberté de réunion pacifique;

d) liberté d'association.

Droits démocratiques

Droits démocratiques des citoyens

3. Tout citoyen canadien a le droit de vote et est éligible aux élections législatives fédérales ou provinciales.

Mandat maximal des assemblées

4. (1) Le mandat maximal de la Chambre des communes et des assemblées législatives est de cinq ans à compter de la date fixée pour le retour des brefs relatifs aux élections générales correspondantes. (81)

Prolongations spéciales

(2) Le mandat de la Chambre des communes ou celui d'une assemblée législative peut être prolongé respectivement par le Parlement ou par la législature en question au-delà de cinq ans en cas de guerre, d'invasion ou d'insurrection, réelles ou appréhendées, pourvu que cette prolongation ne fasse pas l'objet d'une opposition exprimée par les voix de plus du tiers des députés de la Chambre des communes ou de l'assemblée législative. (82)

Séance annuelle

5. Le Parlement et les législatures tiennent une séance au moins une fois tous les douze mois. (83)

Liberté de circulation et d'établissement

Liberté de circulation

6. (1) Tout citoyen canadien a le droit de demeurer au Canada, d'y entrer ou d'en sortir.

Liberté d'établissement

(2) Tout citoyen canadien et toute personne ayant le statut de résident permanent au Canada ont le droit :

---

(81) Voir l'article 50 de la *Loi constitutionnelle de 1867* et les notes relatives aux articles 85 et 88 de cette loi.

(82) Remplace en partie la catégorie 1 de l'article 91 de la *Loi constitutionnelle de 1867*, qui a été abrogée comme l'indique le paragraphe 1(3) de l'annexe de la présente loi.

(83) Voir les notes relatives aux articles 20, 86 et 88 de la *Loi constitutionnelle de 1867*.

a) de se déplacer dans tout le pays et d'établir leur résidence dans toute province;

b) de gagner leur vie dans toute province.

(3) Les droits mentionnés au paragraphe (2) sont subordonnés :

a) aux lois et usages d'application générale en vigueur dans une province donnée, s'ils n'établissent entre les personnes aucune distinction fondée principalement sur la province de résidence antérieure ou actuelle;

b) aux lois prévoyant de justes conditions de résidence en vue de l'obtention des services sociaux publics.

(4) Les paragraphes (2) et (3) n'ont pas pour objet d'interdire les lois, programmes ou activités destinés à améliorer, dans une province, la situation d'individus défavorisés socialement ou économiquement, si le taux d'emploi dans la province est inférieur à la moyenne nationale.

Garanties juridiques

7. Chacun a droit à la vie, à la liberté et à la sécurité de sa personne; il ne peut être porté atteinte à ce droit qu'en conformité avec les principes de justice fondamentale.

8. Chacun a droit à la protection contre les fouilles, les perquisitions ou les saisies abusives.

9. Chacun a droit à la protection contre la détention ou l'emprisonnement arbitraires.

10. Chacun a le droit, en cas d'arrestation ou de détention :

a) d'être informé dans les plus brefs délais des motifs de son arrestation ou de sa détention;

b) d'avoir recours sans délai à l'assistance d'un avocat et d'être informé de ce droit;

c) de faire contrôler, par *habeas corpus*, la légalité de sa détention et d'obtenir, le cas échéant, sa libération.

11. Tout inculpé a le droit :

a) d'être informé sans délai anormal de l'infraction précise qu'on lui reproche;

b) d'être jugé dans un délai raisonnable;

c) de ne pas être contraint de témoigner contre lui-même dans toute poursuite intentée contre lui pour l'infraction qu'on lui reproche;

d) d'être présumé innocent tant qu'il n'est pas déclaré coupable, conformément à la loi, par un tribunal indépendant et impartial à l'issue d'un procès public et équitable;

e) de ne pas être privé sans juste cause d'une mise en liberté assortie d'un cautionnement raisonnable;

f) sauf s'il s'agit d'une infraction relevant de la justice militaire, de bénéficier d'un procès avec jury lorsque la peine maximale prévue pour l'infraction dont il est accusé est un emprisonnement de cinq ans ou une peine plus grave;

g) de ne pas être déclaré coupable en raison d'une action ou d'une omission qui, au moment où elle est survenue, ne constituait pas une infraction d'après le droit interne du Canada ou le droit international et n'avait pas de caractère criminel d'après les principes généraux de droit reconnus par l'ensemble des nations;

h) d'une part de ne pas être jugé de nouveau pour une infraction dont il a été définitivement acquitté, d'autre part de ne pas être jugé ni puni de nouveau pour une infraction dont il a été définitivement déclaré coupable et puni;

i) de bénéficier de la peine la moins sévère, lorsque la peine qui sanctionne l'infraction dont il est déclaré coupable est modifiée entre le moment de la perpétration de l'infraction et celui de la sentence.

Cruauté

12. Chacun a droit à la protection contre tous traitements ou peines cruels et inusités.

Témoignage incriminant

13. Chacun a droit à ce qu'aucun témoignage incriminant qu'il donne ne soit utilisé pour l'incriminer dans d'autres procédures, sauf lors de poursuites pour parjure ou pour témoignages contradictoires.

Interprète

14. La partie ou le témoin qui ne peuvent suivre les procédures, soit parce qu'ils ne comprennent pas ou ne parlent pas la langue employée, soit parce qu'ils sont atteints de surdité, ont droit à l'assistance d'un interprète.

Droits à l'égalité

Égalité devant la loi, égalité de
bénéfice et protection égale de la loi

15. (1) La loi ne fait acception de personne et s'applique également à tous, et tous ont droit à la même protection et au même bénéfice de la loi, indépendamment de toute discrimination, notamment des discriminations fondées sur la race, l'origine nationale ou ethnique, la couleur, la religion, le sexe, l'âge ou les déficiences mentales ou physiques.

Programmes de promotion sociale

(2) Le paragraphe (1) n'a pas pour effet d'interdire les lois, programmes ou activités destinés à améliorer la situation d'individus ou de groupes défavorisés, notamment du fait de leur race, de leur origine nationale ou ethnique, de leur couleur, de leur religion, de leur sexe, de leur âge ou de leurs déficiences mentales ou physiques. (84)

Langues officielles du Canada

Langues officielles du Canada

16. (1) Le français et l'anglais sont les langues officielles du Canada; ils ont un statut et des droits et privilèges égaux quant à leur usage dans les institutions du Parlement et du gouvernement du Canada.

Langues officielles du
Nouveau-Brunswick

(2) Le français et l'anglais sont les langues officielles du Nouveau-Brunswick; ils ont un statut et des droits et privilèges égaux quant à leur usage dans les institutions de la Législature et du gouvernement du Nouveau-Brunswick.

Progression vers l'égalité

(3) La présente charte ne limite pas le pouvoir du Parlement et des législatures de favoriser la progression vers l'égalité de statut ou d'usage du français et de l'anglais.

Communautés linguistiques
française et anglaise du Nouveau-
Brunswick

16.1 (1) La communauté linguistique française et la communauté linguistique anglaise du Nouveau-Brunswick ont un statut et des droits et privilèges égaux, notamment le droit à des institutions d'enseignement

---

(84) Le paragraphe 32(2) stipule que l'article 15 n'a d'effet que trois ans après l'entrée en vigueur de l'article 32. L'article 32 est en vigueur depuis le 17 avril 1982; par conséquent, l'article 15 a pris effet le 17 avril 1985.

distinctes et aux institutions culturelles distinctes nécessaires à leur protection et à leur promotion.

Rôle de la législature et du
gouvernement du Nouveau-
Brunswick

(2) Le rôle de la législature et du gouvernement du Nouveau-Brunswick de protéger et de promouvoir le statut, les droits et les privilèges visés au paragraphe (1) est confirmé. (85)

Travaux du Parlement

17. (1) Chacun a le droit d'employer le français ou l'anglais dans les débats et travaux du Parlement. (86)

Travaux de la Législature du
Nouveau-Brunswick

(2) Chacun a le droit d'employer le français ou l'anglais dans les débats et travaux de la Législature du Nouveau-Brunswick. (87)

Documents parlementaires

18. (1) Les lois, les archives, les comptes rendus et les procès-verbaux du Parlement sont imprimés et publiés en français et en anglais, les deux versions des lois ayant également force de loi et celles des autres documents ayant même valeur. (88)

Documents de la Législature du
Nouveau-Brunswick

(2) Les lois, les archives, les comptes rendus et les procès-verbaux de la Législature du Nouveau-Brunswick sont imprimés et publiés en français et en anglais, les deux versions des lois ayant également force de loi et celles des autres documents ayant même valeur. (89)

Procédures devant les tribunaux
établis par le Parlement

19. (1) Chacun a le droit d'employer le français ou l'anglais dans toutes les affaires dont sont saisis les tribunaux établis par le Parlement et dans tous les actes de procédure qui en découlent. (90)

---

(85) L'article 16.1 a été ajouté aux termes de la *Modification constitutionnelle de 1993 (Nouveau-Brunswick)* (TR/93-54).

(86) Voir l'article 133 de la *Loi constitutionnelle de 1867* et la note relative à cet article.

(87) Ibid.

(88) Ibid.

(89) Ibid.

(90) Ibid.

Procédures devant les tribunaux du
Nouveau-Brunswick

(2) Chacun a le droit d'employer le français ou l'anglais dans toutes les affaires dont sont saisis les tribunaux du Nouveau-Brunswick et dans tous les actes de procédure qui en découlent. (91)

Communications entre les
administrés et les institutions
fédérales

20. (1) Le public a, au Canada, droit à l'emploi du français ou de l'anglais pour communiquer avec le siège ou l'administration centrale des institutions du Parlement ou du gouvernement du Canada ou pour en recevoir les services; il a le même droit à l'égard de tout autre bureau de ces institutions là où, selon le cas :

a) l'emploi du français ou de l'anglais fait l'objet d'une demande importante;

b) l'emploi du français et de l'anglais se justifie par la vocation du bureau.

Communications entre les
administrés et les institutions du
Nouveau-Brunswick

(2) Le public a, au Nouveau-Brunswick, droit à l'emploi du français ou de l'anglais pour communiquer avec tout bureau des institutions de la législature ou du gouvernement ou pour en recevoir les services.

Maintien en vigueur de certaines
dispositions

21. Les articles 16 à 20 n'ont pas pour effet, en ce qui a trait à la langue française ou anglaise ou à ces deux langues, de porter atteinte aux droits, privilèges ou obligations qui existent ou sont maintenus aux termes d'une autre disposition de la Constitution du Canada. (92)

Droits préservés

22. Les articles 16 à 20 n'ont pas pour effet de porter atteinte aux droits et privilèges, antérieurs ou postérieurs à l'entrée en vigueur de la présente charte et découlant de la loi ou de la coutume, des langues autres que le français ou l'anglais.

---

(91) Ibid.

(92) Voir par exemple l'article 133 de la *Loi constitutionnelle de 1867* **et le renvoi à la** *Loi de 1870 sur le Manitoba* **dans la note relative à cet article.**

Droits à l'instruction dans la langue de la minorité

Langue d'instruction

23. (1) Les citoyens canadiens :

a) dont la première langue apprise et encore comprise est celle de la minorité francophone ou anglophone de la province où ils résident,

b) qui ont reçu leur instruction, au niveau primaire, en français ou en anglais au Canada et qui résident dans une province où la langue dans laquelle ils ont reçu cette instruction est celle de la minorité francophone ou anglophone de la province,

ont, dans l'un ou l'autre cas, le droit d'y faire instruire leurs enfants, aux niveaux primaire et secondaire, dans cette langue. (93)

Continuité d'emploi de la langue
d'instruction

(2) Les citoyens canadiens dont un enfant a reçu ou reçoit son instruction, au niveau primaire ou secondaire, en français ou en anglais au Canada ont le droit de faire instruire tous leurs enfants, aux niveaux primaire et secondaire, dans la langue de cette instruction.

Justification par le nombre

(3) Le droit reconnu aux citoyens canadiens par les paragraphes (1) et (2) de faire instruire leurs enfants, aux niveaux primaire et secondaire, dans la langue de la minorité francophone ou anglophone d'une province :

a) s'exerce partout dans la province où le nombre des enfants des citoyens qui ont ce droit est suffisant pour justifier à leur endroit la prestation, sur les fonds publics, de l'instruction dans la langue de la minorité;

b) comprend, lorsque le nombre de ces enfants le justifie, le droit de les faire instruire dans des établissements d'enseignement de la minorité linguistique financés sur les fonds publics.

Recours

Recours en cas d'atteinte aux droits
et libertés

24. (1) Toute personne, victime de violation ou de négation des droits ou libertés qui lui sont garantis par la présente charte, peut s'adresser à un tribunal compétent pour obtenir la réparation que le tribunal estime convenable et juste eu égard aux circonstances.

---

(93) **L'alinéa 23(1)***a***) n'est pas en vigueur pour le Québec. Voir l'article 59.**

Irrecevabilité d'éléments de preuve
qui risqueraient de déconsidérer
l'administration de la justice

(2) Lorsque, dans une instance visée au paragraphe (1), le tribunal a conclu que des éléments de preuve ont été obtenus dans des conditions qui portent atteinte aux droits ou libertés garantis par la présente charte, ces éléments de preuve sont écartés s'il est établi, eu égard aux circonstances, que leur utilisation est susceptible de déconsidérer l'administration de la justice.

Dispositions générales

Maintien des droits et libertés des
autochtones

25. Le fait que la présente charte garantit certains droits et libertés ne porte pas atteinte aux droits ou libertés — ancestraux, issus de traités ou autres — des peuples autochtones du Canada, notamment :

a) aux droits ou libertés reconnus par la proclamation royale du 7 octobre 1763;

b) aux droits ou libertés existants issus d'accords sur des revendications territoriales ou ceux susceptibles d'être ainsi acquis. (94)

Maintien des autres droits et libertés

26. Le fait que la présente charte garantit certains droits et libertés ne constitue pas une négation des autres droits ou libertés qui existent au Canada.

Maintien du patrimoine culturel

27. Toute interprétation de la présente charte doit concorder avec l'objectif de promouvoir le maintien et la valorisation du patrimoine multiculturel des Canadiens.

Égalité de garantie des droits pour
les deux sexes

28. Indépendamment des autres dispositions de la présente charte, les droits et libertés qui y sont mentionnés sont garantis également aux personnes des deux sexes.

---

(94) L'alinéa **25***b*) a été abrogé et remplacé aux termes de la *Proclamation de 1983 modifiant la Constitution* (TR/84-102*).* Texte original de l'alinéa 25*b*) :

b) aux droits ou libertés acquis par règlement de revendications territoriales.

Maintien des droits relatifs à
certaines écoles

29. Les dispositions de la présente charte ne portent pas atteinte aux droits ou privilèges garantis en vertu de la Constitution du Canada concernant les écoles séparées et autres écoles confessionnelles. (95)

Application aux territoires

30. Dans la présente charte, les dispositions qui visent les provinces, leur législature ou leur assemblée législative visent également le territoire du Yukon, les territoires du Nord-Ouest ou leurs autorités législatives compétentes.

Non-élargissement des compétences
législatives

31. La présente charte n'élargit pas les compétences législatives de quelque organisme ou autorité que ce soit.

Application de la charte

Application de la charte

32. (1) La présente charte s'applique :

a) au Parlement et au gouvernement du Canada, pour tous les domaines relevant du Parlement, y compris ceux qui concernent le territoire du Yukon et les territoires du Nord-Ouest;

b) à la législature et au gouvernement de chaque province, pour tous les domaines relevant de cette législature.

Restriction

(2) Par dérogation au paragraphe (1), l'article 15 n'a d'effet que trois ans après l'entrée en vigueur du présent article.

Dérogation par déclaration expresse

33. (1) Le Parlement ou la législature d'une province peut adopter une loi où il est expressément déclaré que celle-ci ou une de ses dispositions a effet indépendamment d'une disposition donnée de l'article 2 ou des articles 7 à 15 de la présente charte.

Effet de la dérogation

(2) La loi ou la disposition qui fait l'objet d'une déclaration conforme au présent article et en vigueur a l'effet qu'elle aurait sauf la disposition en cause de la charte.

---

(95) Voir l'article 93 de la *Loi constitutionnelle de 1867* et la note relative à cet article.

Durée de validité

(3) La déclaration visée au paragraphe (1) cesse d'avoir effet à la date qui y est précisée ou, au plus tard, cinq ans après son entrée en vigueur.

Nouvelle adoption

(4) Le Parlement ou une législature peut adopter de nouveau une déclaration visée au paragraphe (1).

Durée de validité

(5) Le paragraphe (3) s'applique à toute déclaration adoptée sous le régime du paragraphe (4).

Titre

Titre

34. Titre de la présente partie : *Charte canadienne des droits et libertés*.

PARTIE II

DROITS DES PEUPLES AUTOCHTONES DU CANADA

Confirmation des droits existants
des peuples autochtones

35. (1) Les droits existants — ancestraux ou issus de traités — des peuples autochtones du Canada sont reconnus et confirmés.

Définition de « peuples autochtones
du Canada »

(2) Dans la présente loi, « peuples autochtones du Canada » s'entend notamment des Indiens, des Inuit et des Métis du Canada.

Accords sur des revendications
territoriales

(3) Il est entendu que sont compris parmi les droits issus de traités, dont il est fait mention au paragraphe (1), les droits existants issus d'accords sur des revendications territoriales ou ceux susceptibles d'être ainsi acquis.

Égalité de garantie des droits pour
les deux sexes

(4) Indépendamment de toute autre disposition de la présente loi, les droits — ancestraux ou issus de traités — visés au paragraphe (1) sont garantis également aux personnes des deux sexes. (96)

---

(96) Les paragraphes 35(3) et (4) ont été ajoutés aux termes de la *Proclamation de 1983 modifiant la Constitution* (TR/84-102).

Engagement relatif à la participation
à une conférence constitutionnelle

35.1 Les gouvernements fédéral et provinciaux sont liés par l'engagement de principe selon lequel le premier ministre du Canada, avant toute modification de la catégorie 24 de l'article 91 de la « *Loi constitutionnelle de 1867* », de l'article 25 de la présente loi ou de la présente partie :

a) convoquera une conférence constitutionnelle réunissant les premiers ministres provinciaux et lui-même et comportant à son ordre du jour la question du projet de modification;

b) invitera les représentants des peuples autochtones du Canada à participer aux travaux relatifs à cette question. (97)

PARTIE III

PÉRÉQUATION ET INÉGALITÉS RÉGIONALES

Engagements relatifs à l'égalité des
chances

36. (1) Sous réserve des compétences législatives du Parlement et des législatures et de leur droit de les exercer, le Parlement et les législatures, ainsi que les gouvernements fédéral et provinciaux, s'engagent à :

a) promouvoir l'égalité des chances de tous les Canadiens dans la recherche de leur bien-être;

b) favoriser le développement économique pour réduire l'inégalité des chances;

c) fournir à tous les Canadiens, à un niveau de qualité acceptable, les services publics essentiels.

Engagement relatif aux services
publics

(2) Le Parlement et le gouvernement du Canada prennent l'engagement de principe de faire des paiements de péréquation propres à donner aux gouvernements provinciaux des revenus suffisants pour les mettre en mesure d'assurer les services publics à un niveau de qualité et de fiscalité sensiblement comparables. (98)

---

(97) L'article 35.1 a été ajouté aux termes de la *Proclamation de 1983 modifiant la Constitution* (TR/84-102*).*

(98) Voir les notes relatives aux articles 114 et 118 de la *Loi constitutionnelle de 1867.*

PARTIE IV

CONFÉRENCE CONSTITUTIONNELLE

37. Abrogé. (99)

PARTIE IV.1

CONFÉRENCES CONSTITUTIONNELLES

37.1 Abrogé. (100)

---

(99) L'article 54 prévoyait l'abrogation de la partie IV un an après l'entrée en vigueur de la partie VII. La partie VII est entrée en vigueur le 17 avril 1982 abrogeant ainsi la partie IV le 17 avril 1983. Texte de la partie IV :

> **37.** (1) Dans l'année suivant l'entrée en vigueur de la présente partie, le premier ministre du Canada convoque une conférence constitutionnelle réunissant les premiers ministres provinciaux et lui-même.
>
> (2) Sont placées à l'ordre du jour de la conférence visée au paragraphe (1) les questions constitutionnelles qui intéressent directement les peuples autochtones du Canada, notamment la détermination et la définition des droits de ces peuples à inscrire dans la Constitution du Canada. Le premier ministre du Canada invite leurs représentants à participer aux travaux relatifs à ces questions.
>
> (3) Le premier ministre du Canada invite des représentants élus des gouvernements du territoire du Yukon et des territoires du Nord-Ouest à participer aux travaux relatifs à toute question placée à l'ordre du jour de la conférence visée au paragraphe (1) et qui, selon lui, intéresse directement le territoire du Yukon et les territoires du Nord-Ouest.

(100) L'article 54.1 prévoyait l'abrogation de la partie IV.1 le 18 avril 1987. La partie IV.1 avait été ajoutée par la *Proclamation de 1983 modifiant la Constitution* (TR/84-102). Texte de la partie IV.1 :

> **37.1** (1) En sus de la conférence convoquée en mars 1983, le premier ministre du Canada convoque au moins deux conférences constitutionnelles réunissant les premiers ministres provinciaux et lui-même, la première dans les trois ans et la seconde dans les cinq ans suivant le 17 avril 1982.
>
> (2) Sont placées à l'ordre du jour de chacune des conférences visées au paragraphe (1) les questions constitutionnelles qui intéressent directement les peuples autochtones du Canada. Le premier ministre du Canada invite leurs représentants à participer aux travaux relatifs à ces questions.
>
> (3) Le premier ministre du Canada invite des représentants élus des gouvernements du territoire du Yukon et des territoires du Nord-Ouest à participer aux travaux relatifs à toute question placée à l'ordre du jour des conférences visées au paragraphe (1) et qui, selon lui, intéresse directement le territoire du Yukon et les territoires du Nord-Ouest.
>
> (4) Le présent article n'a pas pour effet de déroger au paragraphe 35(1).

PARTIE V

PROCÉDURE DE MODIFICATION DE LA CONSTITUTION DU CANADA (101)

Procédure normale de modification

38. (1) La Constitution du Canada peut être modifiée par proclamation du gouverneur général sous le grand sceau du Canada, autorisée à la fois :

a) par des résolutions du Sénat et de la Chambre des communes;

b) par des résolutions des assemblées législatives d'au moins deux tiers des provinces dont la population confondue représente, selon le recensement général le plus récent à l'époque, au moins cinquante pour cent de la population de toutes les provinces.

Majorité simple

(2) Une modification faite conformément au paragraphe (1) mais dérogatoire à la compétence législative, aux droits de propriété ou à tous autres droits ou privilèges d'une législature ou d'un gouvernement provincial exige une résolution adoptée à la majorité des sénateurs, des députés fédéraux et des députés de chacune des assemblées législatives du nombre requis de provinces.

Désaccord

(3) La modification visée au paragraphe (2) est sans effet dans une province dont l'assemblée législative a, avant la prise de la proclamation, exprimé son désaccord par une résolution adoptée à la majorité des députés, sauf si cette assemblée, par résolution également adoptée à la majorité, revient sur son désaccord et autorise la modification.

Levée du désaccord

(4) La résolution de désaccord visée au paragraphe (3) peut être révoquée à tout moment, indépendamment de la date de la proclamation à laquelle elle se rapporte.

Restriction

39. (1) La proclamation visée au paragraphe 38(1) ne peut être prise dans l'année suivant l'adoption de la résolution à l'origine de la procédure de modification que si l'assemblée législative de chaque province a préalablement adopté une résolution d'agrément ou de désaccord.

---

(101) Avant l'adoption de la partie V, certaines dispositions de la Constitution du Canada et des constitutions des provinces pouvaient être modifiées en vertu de la *Loi constitutionnelle de 1867*. Voir la note relative à la catégorie 1 de l'article 91 et à la catégorie 1 de l'article 92 de cette loi. Seul le Parlement du Royaume-Uni pouvait apporter des modifications aux autres dispositions de la Constitution.

Idem

(2) La proclamation visée au paragraphe 38(1) ne peut être prise que dans les trois ans suivant l'adoption de la résolution à l'origine de la procédure de modification.

Compensation

40. Le Canada fournit une juste compensation aux provinces auxquelles ne s'applique pas une modification faite conformément au paragraphe 38(1) et relative, en matière d'éducation ou dans d'autres domaines culturels, à un transfert de compétences législatives provinciales au Parlement.

Consentement unanime

41. Toute modification de la Constitution du Canada portant sur les questions suivantes se fait par proclamation du gouverneur général sous le grand sceau du Canada, autorisée par des résolutions du Sénat, de la Chambre des communes et de l'assemblée législative de chaque province :

a) la charge de Reine, celle de gouverneur général et celle de lieutenant-gouverneur;

b) le droit d'une province d'avoir à la Chambre des communes un nombre de députés au moins égal à celui des sénateurs par lesquels elle est habilitée à être représentée lors de l'entrée en vigueur de la présente partie;

c) sous réserve de l'article 43, l'usage du français ou de l'anglais;

d) la composition de la Cour suprême du Canada;

e) la modification de la présente partie.

Procédure normale de modification

42. (1) Toute modification de la Constitution du Canada portant sur les questions suivantes se fait conformément au paragraphe 38(1) :

a) le principe de la représentation proportionnelle des provinces à la Chambre des communes prévu par la Constitution du Canada;

b) les pouvoirs du Sénat et le mode de sélection des sénateurs;

c) le nombre des sénateurs par lesquels une province est habilitée à être représentée et les conditions de résidence qu'ils doivent remplir;

d) sous réserve de l'alinéa 41*d*), la Cour suprême du Canada;

e) le rattachement aux provinces existantes de tout ou partie des territoires;

f) par dérogation à toute autre loi ou usage, la création de provinces.

Exception

(2) Les paragraphes 38(2) à (4) ne s'appliquent pas aux questions mentionnées au paragraphe (1).

Modification à l'égard de certaines
provinces

43. Les dispositions de la Constitution du Canada applicables à certaines provinces seulement ne peuvent être modifiées que par proclamation du gouverneur général sous le grand sceau du Canada, autorisée par des résolutions du Sénat, de la Chambre des communes et de l'assemblée législative de chaque province concernée. Le présent article s'applique notamment :

a) aux changements du tracé des frontières interprovinciales;

b) aux modifications des dispositions relatives à l'usage du français ou de l'anglais dans une province.

Modification par le Parlement

44. Sous réserve des articles 41 et 42, le Parlement a compétence exclusive pour modifier les dispositions de la Constitution du Canada relatives au pouvoir exécutif fédéral, au Sénat ou à la Chambre des communes.

Modification par les législatures

45. Sous réserve de l'article 41, une législature a compétence exclusive pour modifier la constitution de sa province.

Initiative des procédures

46. (1) L'initiative des procédures de modification visées aux articles 38, 41, 42 et 43 appartient au Sénat, à la Chambre des communes ou à une assemblée législative.

Possibilité de révocation

(2) Une résolution d'agrément adoptée dans le cadre de la présente partie peut être révoquée à tout moment avant la date de la proclamation qu'elle autorise.

Modification sans résolution du
Sénat

47. (1) Dans les cas visés à l'article 38, 41, 42 ou 43, il peut être passé outre au défaut d'autorisation du Sénat si celui-ci n'a pas adopté de résolution dans un délai de cent quatre-vingts jours suivant l'adoption de celle de la Chambre des communes et si cette dernière, après l'expiration du délai, adopte une nouvelle résolution dans le même sens.

Computation du délai

(2) Dans la computation du délai visé au paragraphe (1), ne sont pas comptées les périodes pendant lesquelles le Parlement est prorogé ou dissous.

Demande de proclamation

48. Le Conseil privé de la Reine pour le Canada demande au gouverneur général de prendre, conformément à la présente partie, une proclamation dès l'adoption des résolutions prévues par cette partie pour une modification par proclamation.

Conférence constitutionnelle

49. Dans les quinze ans suivant l'entrée en vigueur de la présente partie, le premier ministre du Canada convoque une conférence constitutionnelle réunissant les premiers ministres provinciaux et lui-même, en vue du réexamen des dispositions de cette partie.

PARTIE VI

MODIFICATION DE LA LOI CONSTITUTIONNELLE DE 1867

50. (102)

51. (103)

PARTIE VII

DISPOSITIONS GÉNÉRALES

Primauté de la Constitution du Canada

52. (1) La Constitution du Canada est la loi suprême du Canada; elle rend inopérantes les dispositions incompatibles de toute autre règle de droit.

Constitution du Canada

(2) La Constitution du Canada comprend :

a) la *Loi de 1982 sur le Canada*, y compris la présente loi;

b) les textes législatifs et les décrets figurant à l'annexe;

c) les modifications des textes législatifs et des décrets mentionnés aux alinéas *a*) ou *b*).

Modification

(3) La Constitution du Canada ne peut être modifiée que conformément aux pouvoirs conférés par elle.

Abrogation et nouveaux titres

53. (1) Les textes législatifs et les décrets énumérés à la colonne I de l'annexe sont abrogés ou modifiés dans la mesure indiquée à la colonne II.

---

(102) Pour le texte de cette modification voir l'article 92A de la *Loi constitutionnelle de 1867.*

(103) Pour le texte de cette modification voir la sixième annexe de la *Loi constitutionnelle de 1867.*

Sauf abrogation, ils restent en vigueur en tant que lois du Canada sous les titres mentionnés à la colonne III.

Modifications corrélatives

(2) Tout texte législatif ou réglementaire, sauf la *Loi de 1982 sur le Canada*, qui fait mention d'un texte législatif ou décret figurant à l'annexe par le titre indiqué à la colonne I est modifié par substitution à ce titre du titre correspondant mentionné à la colonne III; tout Acte de l'Amérique du Nord britannique non mentionné à l'annexe peut être cité sous le titre de *Loi constitutionnelle* suivi de l'indication de l'année de son adoption et éventuellement de son numéro.

Abrogation et modifications qui en découlent

54. La partie IV est abrogée un an après l'entrée en vigueur de la présente partie et le gouverneur général peut, par proclamation sous le grand sceau du Canada, abroger le présent article et apporter en conséquence de cette double abrogation les aménagements qui s'imposent à la présente loi. (104)

54.1 Abrogé. (105)

Version française de certains textes constitutionnels

55. Le ministre de la Justice du Canada est chargé de rédiger, dans les meilleurs délais, la version française des parties de la Constitution du Canada qui figurent à l'annexe; toute partie suffisamment importante est, dès qu'elle est prête, déposée pour adoption par proclamation du gouverneur général sous le grand sceau du Canada, conformément à la procédure applicable à l'époque à la modification des dispositions constitutionnelles qu'elle contient.

Versions française et anglaise de certains textes constitutionnels

56. Les versions française et anglaise des parties de la Constitution du Canada adoptées dans ces deux langues ont également force de loi. En outre, ont également force de loi, dès l'adoption, dans le cadre de l'article 55, d'une partie de la version française de la Constitution, cette partie et la version anglaise correspondante.

Versions française et anglaise de la présente loi

57. Les versions française et anglaise de la présente loi ont également force de loi.

---

(104) **La partie VII est entrée en vigueur le 17 avril 1982. Voir TR/82-97.**

(105) **L'article 54.1 avait été ajouté par la *Proclamation de 1983 modifiant la Constitution* (TR/84-102). Texte de l'article 54.1 :**

54.1 La partie IV.1 et le présent article sont abrogés le 18 avril 1987.

Entrée en vigueur

58. Sous réserve de l'article 59, la présente loi entre en vigueur à la date fixée par proclamation de la Reine ou du gouverneur général sous le grand sceau du Canada. (106)

Entrée en vigueur de l'alinéa 23(1)*a*)
pour le Québec

59. (1) L'alinéa 23(1)*a*) entre en vigueur pour le Québec à la date fixée par proclamation de la Reine ou du gouverneur général sous le grand sceau du Canada.

Autorisation du Québec

(2) La proclamation visée au paragraphe (1) ne peut être prise qu'après autorisation de l'assemblée législative ou du gouvernement du Québec. (107)

Abrogation du présent article

(3) Le présent article peut être abrogé à la date d'entrée en vigueur de l'alinéa 23(1)*a*) pour le Québec, et la présente loi faire l'objet, dès cette abrogation, des modifications et changements de numérotation qui en découlent, par proclamation de la Reine ou du gouverneur général sous le grand sceau du Canada.

Titres

60. Titre abrégé de la présente loi : *Loi constitutionnelle de 1982*; titre commun des lois constitutionnelles de 1867 à 1975 (n° 2) et de la présente loi : *Lois constitutionnelles de 1867 à 1982*.

Mentions

61. Toute mention des « *Lois constitutionnelles de 1867 à 1982* » est réputée constituer également une mention de la « *Proclamation de 1983 modifiant la Constitution* ». (108)

---

(106) **La loi, à l'exception de l'alinéa 23(1)***a***) pour le Québec, est entrée en vigueur le 17 avril 1982 par proclamation de la Reine. Voir TR/82-97.**

(107) **Aucune proclamation n'a été prise en vertu de l'article 59.**

(108) **L'article 61 a été ajouté par la *Proclamation de 1983 modifiant la Constitution* (TR/84-102). Voir aussi l'article 3 de la *Loi constitutionnelle de 1985 (représentation électorale)*, L.C. 1986, ch. 8, partie I, et la *Modification constitutionnelle de 1987 (Loi sur Terre-Neuve)* (voir TR/88-11).**

ANNEXE

de la

LOI CONSTITUTIONNELLE DE 1982

ACTUALISATION DE LA CONSTITUTION

	Colonne I Loi visée	Colonne II Modification	Colonne III Nouveau titre
1.	Acte de l'Amérique du Nord britannique, 1867, 30-31 Victoria, c. 3 (R.-U.)	(1) L'article 1 est abrogé et remplacé par ce qui suit : « 1. Titre abrégé : *Loi constitutionnelle de 1867.* » (2) L'article 20 est abrogé. (3) La catégorie 1 de l'article 91 est abrogée. (4) La catégorie 1 de l'article 92 est abrogée.	Loi constitutionnelle de 1867
2.	Acte pour amender et continuer l'acte trente-deux et trente-trois Victoria, chapitre trois, et pour établir et constituer le gouvernement de la province du Manitoba, 1870, 33 Victoria, c. 3 (Canada)	(1) Le titre complet est abrogé et remplacé par ce qui suit : « *Loi de 1870 sur le Manitoba.* » (2) L'article 20 est abrogé.	Loi de 1870 sur le Manitoba
3.	Arrêté en conseil de Sa Majesté admettant la Terre de Rupert et le territoire du Nord-Ouest, en date du 23 juin 1870		Décret en conseil sur la Terre de Rupert et le territoire du Nord-Ouest
4.	Arrêté en conseil de Sa Majesté admettant la Colombie-Britannique, en date du 16 mai 1871		Conditions de l'adhésion de la Colombie-Britannique
5.	Acte de l'Amérique du Nord britannique, 1871, 34-35 Victoria, c. 28 (R.-U.)	L'article 1 est abrogé et remplacé par ce qui suit : « 1. Titre abrégé : *Loi constitutionnelle de 1871.* »	Loi constitutionnelle de 1871
6.	Arrêté en conseil de Sa Majesté admettant l'Île-du-Prince-Édouard, en date du 26 juin 1873		Conditions de l'adhésion de l'Île-du-Prince-Édouard
7.	Acte du Parlement du Canada, 1875, 38-39 Victoria, c. 38 (R.-U.)		Loi de 1875 sur le Parlement du Canada
8.	Arrêté en conseil de Sa Majesté admettant dans l'Union tous les territoires et possessions britanniques dans l'Amérique du Nord, et les îles adjacentes à ces territoires et possessions, en date du 31 juillet 1880		Décret en conseil sur les territoires adjacents